JN043357

中国の英雄たち

三国志、『キングダム』、宮廷美女の中国時代劇

佐藤信弥

立命館大学研究員

729

中公新書ラクレ

はじめに

あなたは「中国時代劇」と聞いてどんなことをイメージするだろうか？

「以前、三国志や項羽と劉邦のドラマを見たことがあります」

「コミックの『キングダム』は読んでいるし、実写映画版も見ました」

「韓国の時代劇は見ているが、中国のものはまだちょっと」

「美男美女が出てくる宮廷物は大好きです」

「中国のエンタメなんてどうせ政府のプロパガンダだろうし、そもそも規制・検閲で自由な作品づくりができないだろうから……」

最後に挙げたような否定的な見方もあるものの、近年ＢＳやＣＳで新作が絶えず放映され、各社が競って新作情報や出演俳優をまとめたムック本を出版するなど、近年中国時代劇の注目度が高まりつつある。

本書は、衛星放送やＤＶＤのレンタルなどで日ごろ中国時代劇を見ているというファンはもちろんのこと、中国の歴史に興味があるが、時代劇には何となく手が伸びないという人や、中国のエンタメにネガティブなイメージを持っている人にも手に取ってみてほしい。

日本人は古くから中国の歴史物に親しんできた。『三国演義』『水滸伝』『西遊記』といった小説の翻訳が江戸時代から人々に愛読され、現在でも根強い人気を誇る。『西遊記』は堺正章と夏目雅子主演のドラマ版に代表されるように何度も映像化されてきたし、子ども向けの絵本もたくさん出版されている。『三国演義』は吉川英治の小説や横山光輝のコミックが世代を超えて読み継がれてきた。これらの作品への親しみが中国時代劇人気の下地となっているのだろう。

また、近年は歴史物には縁遠いと思われてきた女性のファン層も、宮廷物や、いわゆる「ラブ史劇」と呼ばれる作品を中心に拡大している。というより、彼女たちの存在が中国時代劇の人気を押し上げていると言ってもいいだろう。

一方で、中国の歴史物は創作が多く嘘ばかりだというイメージが持たれているかもしれない。確かに日本の大河ドラマと比べると、架空の人物を多く登場させたり、創作の都合で史実を敢えて無視したりと、史実性にそれほどこだわっていないものが多い。また、唐代、宋代などと舞台となる時代を定めていても、実在の人物はほとんど登場しないものも多い。大河ドラマのような歴史物と言うよりは、時代劇と言った方がよい作品が大半を占めるのである。

これに加えて、『**琅琊榜**《ろうやぼう》**～麒麟の才子、風雲起こす～**』のような、架空の王朝を舞台にした架空歴史物、『**陳情令**《ちんじょうれい》』のような仙俠《せんきょう》物（ファンタジー色の強い武俠物）といった、架空の世界を舞台とした作品が近年は目立つようになっている。『琅琊榜』は飛天《ひてん》奨《しょう》、国劇盛典《こくげきせいてん》など、中華圏のドラマ関係の賞を総ナメし、高い評価を得ている。『陳情令』の方は、二〇一九年の配信開始以来、一年余りで動画再生回数八十億回を突破し、社会現象となった。

人気作品で高い評価を得ているとはいえ、そんなものを見ても中国史の勉強の役には立たないのではないかと疑問を抱かれるかもしれない。本書では中国時代劇に描かれた

「虚実」のうち、敢えて「虚」の部分に注目した。「虚」とは「虚構」の「虚」、架空、仮想ということである。「実」は「現実」「史実」の「実」、本当にあったことという意味である。

三国志物語をまとめた古典小説『三国演義』は、しばしば「七実三虚《しちじつさんきょ》」という評価がなされる。七割は史実に基づいているが、残りの三割は創作ということである。歴史物でなくて時代劇の場合はその割合が逆転して「三実七虚」、架空歴史物に至っては「零実十虚」ということになるだろうか。

我々はついつい「実」の部分にのみ注目し、「この作品は史実に忠実でない」というような評価を下しがちである。『三国演義』も、正史の『三国志』と比較・対照してみると、史実性の面で問題があると、歴史ファンからは否定的に評価されることが多い。

しかし歴史物で「実」の部分だけを描けば、年表を映像化したような味気ないものとなってしまうだろう。日本の歴史小説でも時折この種の失敗を犯しているものが見受けられる。我々は史実を重視してきたように見えて、実は史実を肉付けする「虚」の部分に惹きつけられてきたのではないだろうか。

また時代劇の「虚」の部分に注目することで、中国人が歴史をどう捉えているか、フィクションに何を託しているのかが見えてくるはずである。それにより、単に史実を知るというだけにとどまらず、重層的な視点で中国史を捉えることができるようになるだろう。そして、『三国演義』や『キングダム』といった日本人にも馴染みのある作品を解説することで、日本人は中国史にどういう夢を投影しているのかを摑みだしてみたい。

本書は章ごとにひとつの題材、ジャンルをテーマとして取り上げる。まず第1章では三国志をテーマとし、三国志ドラマに込められた虚実について探っていく。第2章では、下剋上と実力主義という視点から、人気コミック『キングダム』の舞台となる春秋・戦国時代のドラマについて追っていく。

第3章では、中国で大流行したタイムスリップ物の時代劇を取り上げる。第4章では、時代劇に登場する少数民族の描かれ方に注目する。第5章では、やはり大流行した宮廷物を中心に、中国時代劇の中のジェンダーについて探っていく。第6章では、一見政治性とは縁遠そうな武俠ドラマの剣客たちの政治的な立ち回りに注目していく。

そして終章では中国時代劇のジャンルやこれまでのあゆみについて整理し、第6章までの話を踏まえつつ、中国時代劇に託されたものについて考えてみたい。

中国時代劇に政府のプロパガンダという側面が皆無というわけではないが、かと言ってプロパガンダの産物として単純に片付けられるものでもない。エンタメ作品に対する規制・検閲についても、そうした制度があるというのは事実だが、制作する側が素直におとなしく従っているわけでもない。本書では制作の内幕にも触れていく。本書を読み終えるころには、中国時代劇に対するイメージが百八十度変わっているはずである。

それでは、英雄たちが駆け抜けた戦乱の世、「虚」と「実」がせめぎ合う中国時代劇の世界へと飛び込んでいこう。

目次

第5章　ジェンダーの壁に挑む女帝武則天　127

戦乱中国の英雄たち

三国志、『キングダム』、宮廷美女の中国時代劇

凡　例

- 本書で取り上げる中華圏（中国・台湾・香港）のドラマや映画、その他映像作品のタイトルについては、各章の初出時にゴシックで表記した。必要に応じて各章の再出時にもゴシックにした場合がある。
  例……**『レッドクリフ』『天龍八部』**
- 本書で取り上げるドラマや映画のタイトルについては、日本語版があるものについては邦題で表記した。本書執筆時点で日本語版が出ていないものについては原題で表記し、括弧書きで（原題）と注記した。また再出時に適宜略称を用いることもある。
  例……『宮廷の諍い女』（邦題で表記した例）、『包青天』（原題）、『三国志 Three Kingdoms』→『Three Kingdoms』（略称の例）
- ドラマの放映・配信年は、日本語版が出ている場合でも中国での放映・配信年を記載する。話数についてはテレビ放映版、中国国内のDVD版、日本も含めた海外版などで異なる場合が多々あるが、基本的に中国国内のDVD版の話数を記載する。
- ドラマのタイトル、登場人物、その他歴史上の人物の名前や書名等の固有名詞については、日本漢字音でルビを振った。ただし満洲族の氏族名等については中国語の発音に即したルビを振った。
  例……『琅琊榜《ろうやぼう》～麒麟の才子、風雲起こす～』、魏無羨《ぎむせん》、曹操《そうそう》、富察《フチャ》皇后
- 新中国成立以後の人名等の固有名詞については、中国語の発音に即したルビを振った。
  例……于正《ユイヂョン》
- ドラマに出てくる用語や台詞等については、筆者が中国語版から直接訳した。日本語版での訳し方については必ずしも参照していない。
  例……『晩媚と影』の「公子」（日本語版では「若様」と訳されている）
- 図版の出典はすべて中国のウェブ百科事典「百度百科」（https://baike.baidu.com/）の項目に挙げられている広告用ポスター等の画像である。

第1章　虚実の狭間の三国志

明代の古典小説『三国演義』は歴史物語として「七実三虚」と評される。それでは三国志ドラマの虚構と史実の関係はどうなっているのか探ってみよう。

演義から正史へ

三国志は、後漢《ごかん》末期から三国時代（二世紀末～三世紀）にかけての群雄の興亡を描いている。漢王朝が衰退し、群雄割拠の状態となる中で、漢の皇帝の末裔と称する劉備《りゅうび》の蜀《しょく》、後漢最後の献帝《けんてい》を擁する「乱世の姦雄《かんゆう》」曹操《そうそう》の魏《ぎ》、江南《こうなん》を地盤とする孫権《そんけん》の呉《ご》の三国が台頭する。そして最後に魏の権臣司馬懿《しばい》の孫である司馬炎《しばえん》が建てた晋《しん》（西晋）が中国を統一する。最大の見所となるのは、孫権・劉備が連合して曹操を打ち破った赤壁《せきへき》の戦いである。この戦いは二〇〇八年～二〇〇九年に二部構成で上映された映画『**レッドクリフ**』の題材にもなった。

三国時代の歴史をまとめた史書が西晋の時代に書かれた陳寿《ちんじゅ》の『三国志』である。これは後に正史二十四史のひとつとして数えられるようになった。更に後の時代には後漢末から三国時代の話が歴史物語としてまとめられるようになった。

その中で高い評価を得たのは、明の羅貫中《らかんちゅう》による白話《はくわ》小説『三国演義』であり、明清の四大名著のひとつとして数えられている。いわゆる『三国志演義』であるが、中国では『三国演義』とか『三国』と呼ばれることが多いようである。演義は劉備を漢王朝の復興をめざす善玉、専権を振るう曹操を悪玉と位置づけている。

劉備と桃園《とうえん》の誓いを結んだ関羽《かんう》・張飛《ちょうひ》ら武将たちの武勇と忠義、蜀の諸葛亮《しょかつりょう》（孔明《こうめい》）、呉の周瑜《しゅうゆ》、魏の司馬懿ら軍師たちの繰り出す権謀術数といった、乱世の中での英雄たちの生き様が多くの読者を虜《とりこ》にした。

日本でも三国志を題材とした小説、コミック、テレビゲームなどが作られ、受け入れられてきた。筆者は中学生のころに見たＮＨＫの『人形劇　三国志』の再放送や横山光《よこやまみつ》輝《てる》のコミック『三国志』が三国志の世界に入るきっかけとなった。読者の中にも、これらのエンタメ作品を通じて三国志のおもしろさを知ったという人がいることだろう。

三国志を題材としたドラマも中国でいくつか制作されている。日本でよく知られているのは、中国で一九九四年から一九九五年にかけて放映された『**三国志**』である。日本では当時のＮＨＫのＢＳ２で放映されたほか、ビデオ化、ＤＶＤ化もされたので、視聴した読者も多いことだろう。ドラマの構成としては桃園の誓いに始まり、西晋による統一で終わるというオーソドックスな作りである。

図1　『三国志』

原題が『三国演義』であることからわかる通り、このドラマは正史ではなく、演義に基づいたものであった。中国では改革開放以後、一九八六年放映の『**西遊記**』、一九八七年の『**紅楼夢**』といった具合に、四大名著のドラマ化が進められていた。『三国志』の後は一九九八年に『**水滸伝**』のドラマ版、二〇〇〇年に『**西遊記続集**』（原題）も放映され、やはり好評を博している。

これら四作品はそれぞれ時代劇の古典的な名作としての評価を獲得し、現地でその後何回も再放送された。そして二〇一〇年前後から、それらのリメイク版の制作が進められることになった。それらリメイク版も、『**紅楼夢～愛の宴～**』『**水滸伝　All Men Are Brothers**』と、『西遊記』以外は日本語化されている。

『三国志』については『**三国志　Three Kingdoms**』が現地で二〇一〇年に放映された。旧作が全八十四話の大作であったのに対し、こちらは全九十五話と、それを更に上回る超大作となっている。このリメイクについては、『レッドクリフ』の大ヒットもその後押しとなったであろう。

図２　『三国志　Three Kingdoms』

日本では一九九〇年代以降、三国志ファンの間ではエンタメ作品についても演義ではなく正史に基づくものを求めるようになっていた（筆者はそのことが必ずしもよいとは思わないが、ここではその問題は置いておく）。

中国では人気歴史解説番組『百家講壇《ひゃっかこうだん》』で、厦門《アモイ》大学教授の易中天《イーヂョンティエン》をプレゼンテーターとする『易中天品三国《ひんさんごく》』シリーズが二〇〇六年に放映され、好評を博したが、これは正史に基づいて三国志を読み解くというスタイルであった。

名分と野心の両立

中国でも正史に基づく三国志ドラマを求める機運が高まっていた。しかし『Three Kingdoms』は演義にベッタリというわけではないかわりに、史実性を重視しているかというとそうでもないという不思議な作品に仕上がっていた。日本の大河ドラマで模索されてきたような歴史学の研究成果を作品に反映させるという方向ではなく、独特の解釈というか人間観、処世観のようなものが盛り込まれているのである。

一例を挙げてみよう。『三国演義』の物語の後半、劉備が軍師の龐統《ほうとう》を伴って益州《えきしゅう》（蜀《しょく》）に入る場面である。演義では益州が漢中《かんちゅう》の張魯《ちょうろ》に攻められ、太守《たいしゅ》の劉璋《りゅうしょう》は張《ちょう》松《しょう》を使者として群雄に援軍を求めさせる。しかし張松は愚鈍な劉璋では益州を守り切れないと主君を見放し、荊州《けいしゅう》の劉備に目を付け、援軍を求めるとともにいっそ益州を奪い取らせようとする。

劉備の方は、劉璋とはともに漢の皇帝の血を引く同族ということで、自ら援軍に赴くが、益州を乗っ取ることには気乗りがしない。しかし結局は劉璋との関係が決裂して益州を攻め取ることになる。張松は主君を裏切ったことが露見して劉璋に処刑され、龐統は自らのあだ名「鳳雛《ほうすう》」を思わせる落鳳坡《らくほうは》で敵の矢に射られて戦死を遂げる。

ドラマではこれがどうアレンジされているだろうか？　劉備は張松の要請を受け、龐統とともに益州に入る。ここまでは大筋として演義と変わらない。問題はここからである。ある晩劉備は龐統と酒杯を酌み交わし、「本当は自分だって益州が欲しい。しかしここで劉璋から益州を奪い取ってしまっては仁義に悖《もと》る。そうするだけの名分《めいぶん》がない」と、益州奪取を躊躇していたのはポーズにすぎないと本音を漏らすのである。それに対して龐統は、「ならば仁義と殿の大業を両立してみせましょう」と劉備の要望を請け負ってみせる。

龐統はまずは張松に宛てた密書をわざとその兄張粛《ちょうしゅく》に届けさせ、劉璋に張松が裏切り者であることを知らしめて処刑させ、劉備を攻めるよう仕向けさせる。これで相手から戦端を開かせ、劉備側はあくまで正当防衛で劉璋に応戦するのだと言い訳が立つようにしてやるわけである。これでは味方になったはずの張松が犠牲となってしまうことになるが、「主君を売るような者は生かしておいても災いとなるだけだ」と、冷たく切り捨てる。

ただ、龐統は他人だけでなく自分の身を犠牲にするのも厭《いと》わない。いざ劉備が劉璋と対峙する段になると、劉備から馬を借りて先陣をつとめ、劉璋側の伏兵が潜んでいるのを知りつつ落鳳坡へと進み、敢えて討ち取られる。そうすることで、劉璋は自分が援軍として招いた劉備を騙し討ちにしようとした悪人であるというイメージを植え付けることに成功する。劉璋の先制攻撃につづき、これも劉備が益州を攻め取る名分となる。

政治的な英雄たち

こうした話は正史にも演義にも見えないから、おそらくはドラマ版制作者の創作であろう。演義では仁義の士とされる劉備を俗物として描いたりと露悪趣味が過ぎるような気がするが、一方で三国志の醍醐味である群雄たちの謀略や駆け引きを際立たせるような演出となっている。ほかのエピソードでもこういう具合に手が加えられている。

たとえば呉の国が劉備の義兄弟関羽と戦う際に、呉の孫権は大都督《だいととく》の呂蒙《りょもう》に、劉備の怨みを買うのは避けたいから関羽を殺さないようにと厳命するが、呂蒙はその命令に背いてしまう。怒った孫権は、病死ということにして密かに呂蒙を謀殺する。正史では呂蒙は病死、演義では関羽の亡霊に取り憑《つ》かれて死んだことになっている。孫権は副都督の陸遜《りくそん》を呂蒙の後任の大都督に任命するが、きな臭さを感じた陸遜は職を辞する。しかしそれは孫権の目論《もくろ》み通りの行動であった。彼はこれでようやく周瑜・魯粛《ろしゅく》・呂蒙と受け継がれた、自分を掣肘《せいちゅう》する大都督がいなくなったと喜ぶのである。

そして劉備が関羽の仇討ちのために呉との戦いを決意すると、軍師の諸葛亮や武将の趙雲《ちょううん》といった荊州《けいしゅう》時代からの臣下は猛反対する。一方で李厳《りげん》のようにもともと劉璋に仕えていて劉備に降《くだ》った益州出身の臣下は、諸葛亮のような昔からの臣下なら直言もできようが、仕えて日の浅い自分たちはそうではない、ましてや彼らと主君の意見が割れているなら、自分たちは主君に賛成するほかないと、荊州閥・益州閥という党派的な観点から出征を支持する。

常に大義名分を気にかける、君臣双方が互いに不信感を抱いている、党派的な観点が行動の基準になるといったように、『Three Kingdoms』は『三国志』の英雄たちを政治的な人間として描いている。歴史ドラマにおいてこうした描き方は、一九九九年に放映され、二〇〇〇年前後の清朝物ブームの立役者のひとつとなった『**雍正王朝**《ようせいおうちょう》』、二〇〇六年の『**大明王朝**《だいみんおうちょう》**～嘉靖帝**《かせいてい》**と海瑞**《かいずい》**～**』といった、政治の腐敗をテーマとした作品でも見られる。『Three Kingdoms』を監督した高希希《ガオシーシー》は、その後も『**項羽と劉邦　King's War**』のような歴史大作を手がけているが、同作でも幾分こうしたテイストが感じられる。

小説では、陳舜臣《ちんしゅんしん》の『秘本《ひほん》三国志』でも英雄たちを政治的人間として描いているから、華人《かじん》にとってこうした描写はなじみやすいのかもしれない。ちなみに『秘本三国志』では、劉備と曹操が表では敵同士と見せかけて、実は裏で手を組んで協力しあっているという設定で、「八百長三国志」と呼ばれたりしている。

「はじめに」で触れたように、『三国演義』は「七実三虚《しちじつさんきょ》」、つまり歴史物語として史実が七割、虚構が三割だと評される。『Three Kingdoms』は「三虚」の部分に英雄たちの政治的駆け引きを詰め込んでいると見ることができる。これはこれでおもしろいのだが、こういうものが日本の三国志ファンの求める正史に基づいた作品かと言われると、やや疑問である。

「毒親」曹操

三国志ドラマは、映画監督として著名な陳凱歌《チェンカイコー》が制作に携わった『**三国志 呂布《りょふ》と貂蟬《ちょうせん》**』（二〇〇二年放映）、『**三国志～趙雲伝～**』（二〇一六年放映。以上の二作については本章の最後で紹介する）、『**曹操**』（二〇一三年に日本語版リリース。中国での放映は二〇一五年）など、人物に焦点を当てたものもたくさん制作されている。その中で大作として注目されたのは、二〇一七年～二〇一八年に放映・配信された全八十六話の『**三国志～司馬懿 軍師連盟～**』である。

図３ 『三国志～司馬懿 軍師連盟～』

文字通り魏の軍師で、後に子孫が晋を建国することになる司馬懿を主人公とする。司馬懿を演じるのは名優として知られる呉秀波《ウーシウボー》である。彼は本作の制作総指揮もつとめている。中国では近年有名俳優が主演作品を自分で企画したり、制作の段階から関わる事例が増えている。

中国では前半部四十二話が『大軍師司馬懿之軍師聯盟《れんめい》』のタイトルで放映・配信され、後半部四十四話は『虎嘯龍吟《こしょうりゅうぎん》』のタイトルで、こちらは中国国内ではテレビ放映されず、動画配信サイト優酷《ヨウク》（YOUKU）にてネット配信のみ行われた。後文で触れるように、中国では、テレビでの時代劇放映に種々の規制がある。それに対応するために、近年は前半・後半の二部制にしたり、ネットでの配信のみという事例が増えている。

実のところこの作品も英雄たちを政治的人間として描いているのだが、司馬懿と正妻の張春華《ちょうしゅんか》の夫婦喧嘩をおもしろおかしく描いたりとコメディの要素が盛り込まれており、『Three Kingdoms』に見られるような露悪的な権謀術数の「毒性」はかなり薄められている。曹操ら三国志の英雄たちも含めて後漢末から東晋の人士の言行を収めた古典に『世説新語《せせつしんご》』がある。当時の人々の機智やユーモアを示す書として知られているが、『軍師連盟』は、同じ政治性を描くのでも、この『世説新語』の世界に近いように見える。

「軍師連盟」のタイトル通り、その司馬懿と、曹操に仕える先輩格の軍師である荀彧《じゅんいく》との交流、あるいは同輩でライバルとなる楊修《ようしゅう》（「鶏肋《けいろく》」の故事で知られる）や蜀の軍師諸葛亮との戦いが描かれる。

ドラマの中で重要人物とされる曹操は、『Three Kingdoms』で劉備役をつとめた于和偉《ユィホーウェイ》が好演、というよりは怪演ぶりを披露している。この作品の曹操は、疑心暗鬼と権謀術数の塊で、彼の名言とされる「私が天下の人に負《そむ》いたとしても、天下の人が私に負くことは許さない」を地で行く怪人物として描かれている（ただしこれに類する言葉は正史の本文には見えない）。司馬懿と彼の仕えた魏を主要な舞台とするということで、正史をかなり参照したようだが、曹操の姿は英雄として美化されることなく、傑物であると同時に怪人として描写されている。その人物像は、曹操を主役とする三国志コミック『蒼天航路《そうてんこうろ》』のそれとも似通っている。

物語は司馬懿が若年のころより始まる。司馬懿は曹操・曹丕《そうひ》父子より出仕《しゅっし》を求められるが、曹操のような人物に仕えては自分のみならず一族全体を危険にさらすことになると、自らその両足を折って出仕できない理由を作る。その後結局は出仕して息子の曹丕の方に仕えることとなり、曹丕や同僚たちと政治改革を志すことになる。その成果は、曹丕が魏王に即位した後に、人材登用に関わる九品官人法《きゅうひんかんじんほう》（九品中正法《ちゅうせいほう》）などの政策として結実する。

曹操はといえば、後継には息子たちのうち、兄の曹丕ではなく弟の曹植《そうしょく》を据えたいと思っている。実のところ曹植の方は後継者になるつもりはないのだが、曹操は彼にも野心を持たせ、闘争のすえに後継者の座を勝ち取らせようとする。自分の息子であるからには、後継の地位は座して与えられるものではなく、戦って勝ち取るべきだというのである。

曹操が曹植を優遇することで、彼の取り巻きたちに希望を持たせ、曹丕の側はそれに危機感を持ち、双方が後継の座をめぐって争わざるを得ない状況に追い込まれていく。曹丕側の司馬懿に対して曹植側の参謀となるのが楊修である。

曹丕にとっても曹植にとっても、曹操は自分の子を操り人形にし、その人生を支配しようとして彼らの心身に害悪を及ぼす「毒親《どくおや》」として描かれている。

歴史は繰り返す

そして「毒親」の子がそのトラウマから却《かえ》って親と瓜二つとなっていくように、曹操の後継となった曹丕も疑心暗鬼の塊となり、妻子に冷たく当たるようになる。曹丕は妻の甄宓《しんふく》と曹植との密通を疑って彼女を死に追い込み、二人の間に産まれた息子曹叡《そうえい》も曹植の子ではないかと疑い、命を奪おうとする。司馬懿の機転により、曹叡は曹丕の寵姫郭照《かくしょう》の義子となることで一命を取り留めるが、実母の死によって性格がすっかり歪みきってしまう。

曹丕の没後に魏の帝位を受け継いだ曹叡は、絵師たちを集めて亡き母の似顔絵を描かせるが、本人の面影を知らないということで誰ひとり自分を満足させるものを描くことができない。怒った曹叡は絵師を次々と処刑させる。更には側近の宦官《かんがん》の「ならば母君の面影を受け継ぐ陛下が女装してその様子を描かせればよいのではないでしょうか」という進言を真に受け、本当に女装して絵のモデルになるという、異様な振る舞いを見せるのである。そのくせ曹丕も曹叡も一国の君主としては一定の手腕と見識を備えているのだから始末が悪い。

そんな調子であるので、折角曹丕が後漢王朝を滅ぼして打ち立てた魏王朝も、若き日の司馬懿が曹丕と語らって志したような改革の志、清新な雰囲気も次第に薄れ、曹叡の時代には、はや二代目にして宮廷は暗い雰囲気に覆われている。

却って諸葛亮を中心とする蜀の宮廷の方が、雰囲気が明るいほどである。劉備の子劉禅《りゅうぜん》は暗君（暗愚で国政を顧みない君主）として知られるが、諸葛亮を実の父のように慕っている。諸葛亮も劉禅を主君として守り立てようとする。また群臣も諸葛亮を中心に結束している。彼に含むところのある武将魏延《ぎえん》ですらも、長年子どもに恵まれなかった諸葛亮に男児が産まれると、ほかの者とともに祝いに駆けつけるのである。

魏王朝宮廷の険悪な空気は、司馬懿ら司馬氏一族にも暗い影を落とす。親子兄弟の間柄でも疑心暗鬼でもって接する曹氏一族を尻目に、司馬氏一族はこれまで親子・兄弟・夫婦と一族間で鉄の結束を誇ってきた。ドラマの前半には司馬懿が妻子とともに和気《わき》藹々《あいあい》と行楽に出かける場面も挿入される。司馬懿が側室柏霊筠《はくれいいん》を迎えてもそれは変わらない。彼女は曹丕の命で司馬懿の監視役として嫁ぐことになったのだが、司馬懿に心服し、夫のために尽くすようになる。

しかし司馬懿の息子たち、特に正室張春華との間に産まれた次男の司馬昭《しばしょう》、柏霊筠との間に産まれた末子の司馬倫《しばりん》は、曹操流の権謀術数の権化となっていく。司馬懿自身も、張春華の死をきっかけとして性格が変わってしまう。

老年の司馬懿からは、かつての寛容・寛大な気質が失われてしまう。敵対した相手が降伏して許しを請うても、一度は赦免するそぶりを見せつつ、生かしておいては後の憂いとなるということで騙し討ちのような形で相手を追い詰め、本人のみならずその三族の誅殺を命じる。

柏霊筠は自己の保身のために相手を騙し、多くの人々を犠牲にすることを厭わない夫の姿に失望し、「それでは曹操と何も変わらないではありませんか」という言葉を投げつけ、自死の道を選ぶ。司馬懿と長年苦楽をともにした弟の司馬孚《しばふ》も兄や甥たちの所業に心を痛め、やはり「それでは曹操とどこが違うのか」という言葉を残し、兄と訣別する。

今や司馬懿親子の性根は曹操やその子孫たちと何も変わらなくなった。司馬懿の子孫が興すことになる西晋王朝も、魏王朝と同じく暗い雰囲気に覆われることを予兆させつつ物語は幕を閉じる。かくて歴史は繰り返されるのである。

歴史上では、西暦二六五年に司馬懿の孫司馬炎が魏の元帝《げんてい》より帝位を禅譲《ぜんじょう》され、西晋王朝を興す。かつて曹丕が後漢の献帝《けんてい》より帝位を譲られて魏王朝を興した禅譲劇の繰り返しである。その後二八〇年には三国の呉を滅ぼし、中国を統一するが、司馬炎の子の恵帝《けいてい》の時代に西晋皇族による八王《はちおう》の乱が勃発し、再び戦乱の世となる。反乱を起こした八王の中には、ドラマに登場する司馬倫も含まれている。その後匈奴《きょうど》の劉聡《りゅうそう》による永嘉《えいか》の乱が勃発し、西晋は三一六年にその短い命脈を閉じることになる。

影武者献帝

漢魏の禅譲といえば、後漢の献帝を主人公とした作品が、『三国志 Secret of Three Kingdoms』である。二〇一八年に『軍師連盟』と前後して動画配信サイト騰訊《トンシュン》（テンセント）で配信された。こちらもネット配信のみで、全五十四話構成である。中国ではどういうわけか、同様の題材の時代劇作品が同時期に放映・配信されることが多い。

内容の方は、献帝は実は若くして病没しており、密かに温県《おんけん》の司馬氏（司馬懿の家である）のもとで養育されていた双子の弟劉平《りゅうへい》が替え玉として擁立されるという設定である。

図4　『三国志 Secret of Three Kingdoms』

本作は馬伯庸《マーボーヨン》の小説『三国機《さんごくき》密《みつ》』をドラマ化したものである。馬氏は、やはりドラマ化された『長安二十四時』のような歴史物や（この作品については第4章で取り上げる）、中国版『一九八四年』の趣がある短篇『沈黙都市』（ケン・リュウ編『折りたたみ北京』に翻訳が収録されている）のようなSF小説も発表している。

『三国機密』など馬氏の一連の作品は「考拠型懸疑文学《こうきょがたけんぎ》」とか「歴史可能性小説」と呼ばれているとのことである。「歴史可能性小説」は歴史イフ小説を指す。たとえば織田信長が本能寺の変で死んでいなかったとしたら歴史の流れはどうなったかとか、そういう類の仮想のもとに書かれた作品である。三国志にも、現実の歴史とは異なって蜀が天下を統一するという筋立ての『反三国志《はんさんごくし》』という歴史イフ物がある。

もうひとつの「考拠型懸疑文学」とは、正史などの史料に基づいて歴史の真相を推理した作品ということであるらしく、日本でいえば、徳川家康は実は関ヶ原の戦いで戦死していて、以後の家康は影武者であるという推理に基づいて書かれた、隆慶一郎《りゅうけいいちろう》の小説『影武者徳川家康』のような作品が該当する。本作の内容からすると、歴史イフ物というよりはこちらの方が近いであろう。差し詰め「影武者献帝」といったところである。

ドラマ版の制作は、これまで人気ゲームのドラマ化作品『**仙剣奇侠伝**《せんけんききょうでん》』（原題）や、タイムスリップ物・宮廷物ブームを牽引した『**宮廷女官　若曦**《きゅうていにょかんじゃくぎ》』など、若者向け時代劇のヒット作を手がけてきた唐人影視《とうじんえいし》である。中国では制作会社が自ら企画してドラマを制作し、テレビ局や動画配信サイトが放映・配信権を買い付けるというパターンが多い。制作会社にはそれぞれ独自の作風がある。

主役に馬天宇《マーティエンユィ》、主人公を支える若き日の司馬懿《しばい》役に韓東君《ハンドンヂュン》など、主要な役柄にいわゆる「小鮮肉《シアオシエンロウ》」（イケメン俳優）を配役しているが、従来唐人影視が得意としてきたジュブナイル的な時代劇を超えようとする意気込みが感じられる。本作の脚本を担当した常江《チャンヂアン》は、『軍師連盟』でも脚本家として制作に参加している。本作でも司馬懿や楊修が主要登場人物として活躍する一方、『軍師連盟』では早々に病死して退場した曹操の軍師郭嘉《かくか》の出番が多く重要な役割を果たすなど、両作は設定やストーリー上補い合っているような趣がある。

陰謀を拒絶する

内容を見ていこう。主人公劉平は出生後すぐに宮中から連れ出されて弘農《こうのう》の楊氏（楊修の属する氏族である）の一族楊俊《ようしゅん》の子楊平《ようへい》とされ、温県の司馬氏のもとに預けられて司馬懿と兄弟同然のように育てられた。そして建安《けんあん》四年（一九九年）。この年に彼は養父楊俊によって引き取られ、自分が皇帝劉協《りゅうきょう》（すなわち献帝）の双子の弟であったこ劉協として生きることになる。そして兄嫁にあたる弘農王妃（董卓《とうたく》によって廃された少帝劉弁《しょうていりゅうべん》の妃）唐瑛《とうえい》の手引きで皇后の伏寿《ふくじゅ》と対面し、夭逝した兄と入れ替わる形で正体を隠して皇帝となり、曹操の勢力の排除と漢王朝中興という劉協の遺命を果たすことを求められる。楊平は楊俊とともに許都《きょと》に向かう途上で匪賊《ひぞく》に襲撃されて死んだということにされ、以後は劉協として生きることになる。

皇帝のすり替わりを知る者は、弘農の楊氏の楊彪《ようひょう》・楊修父子や皇后伏寿とその父伏完《ふくかん》、弘農王妃らごくわずかの者に限られるはずであった。しかし皇帝の側近くで仕える宦官や寵愛を受けていた董妃《とうひ》、幼馴染み楊平の死を信じられずに許都にやって来た司馬懿、曹操の配下の満寵《まんちょう》、その満寵の庇護者的な立場にある郭嘉、そして曹操・曹丕父子といった面々から次々と猜疑されるようになり、正体を知る者がだんだんと増えていく（その一方で正体を知ったがために死なざるを得なくなる者もいるのだが……）。

劉平はいわばごく少数の者の陰謀によって皇帝とすり替えられてしまったということになる。歴史の中の陰謀と言えば、日本の歴史でも、たとえば本能寺の変に黒幕が存在したのではないかなどと議論されたりする。歴史的な事件の裏には実は陰謀が隠されていたのだと解釈するような考え方を陰謀論と呼ぶが、本作はこうした歴史と陰謀論との関係を考えるうえで面白い題材となっている。

　劉平は伏寿らのロボットとして動くことを期待され、当初は訳もわからないまま曹操排除のための陰謀の片棒を担がされることになる。しかし彼はもともと医術を学び、温県では傷ついた動物を治療するのを趣味とするような心優しい青年であった。時が経つにつれ、自分の意に反して謀略によって動かされたり、他人を動かすことに違和感を抱くようになる。

　そして漢王朝中興という大義名分があろうとも、陰謀によって他人を犠牲にすることを拒絶し、徹底的に綺麗事にこだわるようになる。知謀に秀でたリアリストの伏寿や司馬懿はそんな彼の態度に呆れ返るが、次第に劉平に感化されていく。彼を追い詰める立場にあるはずの満寵と郭嘉すら最後には劉平に心服する。

　終盤で曹操が魏公《ぎこう》となって鄴《ぎょう》へと遷り、許都が劉平の統治に任されるようになると、その仁政を慕ってやって来た難民たちをどんどん受け入れるという描写は、彼の理想主義の真骨頂を示すものだろう。本作は陰謀によって擁立されたはずの為政者が綺麗事でどこまで政治を動かせるのか、どこまで理想や理念を貫き通せるのかというシミュレーションとなっている。これは英雄たちを政治的な人間として描いた『Three Kingdoms』、あるいは主人公の司馬懿やその息子たちが最後には曹操流の権謀術数にとらわれた『軍師連盟』へのアンチテーゼとして読み取ることもできるだろう。

ラストで劉平は史実通り曹丕に帝位を禅譲し、漢王朝中興という大きなくびきから解放される。これによって献帝が影武者であったことは闇に葬られ、「虚」の世界の物語は「実」の世界へと戻っていくのである。

オリジナル武将との共演

どんなに荒唐無稽な設定や展開を行っても、最後にはもとの歴史の流れに戻ればよい。この考え方を悪用したような三国志ドラマもある。前文で名前を挙げた**『三国志～趙雲伝～』**である。五虎将《ごこしょう》のひとりとして関羽や張飛とともに劉備に仕えた趙雲を主人公とする。二〇一六年放映・配信で、全六十話の大作である。『宮廷女官 若曦』で、清の康熙帝《こうきてい》の十四皇子役でブレイクした林更新《リングンシン》（ケニー・リン）が主役趙雲を演じ、韓国のアイドルグループ少女時代のユナがヒロインを演じるということで話題になった。

趙雲といえば、演義の中では劉備が曹操に追われて逃亡する長坂坡《ちょうはんは》の戦いで、一行とはぐれた劉備の赤子の阿斗《あと》（後の劉禅）を救い出し、単騎で戦場を駆け抜けたというエピソードで知られる。しかし本作は趙雲が劉備に仕えるまでの話が中心で、その後の話はおざなりである。

物語は趙雲の父趙安《ちょうあん》の話から始まる。後漢の朝廷に武官として仕えていた趙安と、その武術の弟弟子で同僚の李全《りぜん》は、権臣董卓《とうたく》によって帝位を追われることになった少帝から、それぞれ漢王朝の神器として伝わる青釭剣《せいこうけん》と倚天剣《いてんけん》を託される。趙安は妻子とともに十数年間常山郡真定県《じょうざんぐんしんていけん》（趙雲の出身地として伝わる地である）の農村に身を隠していたが、剣を狙う董卓の配下に居場所を突きとめられてしまい、妻とともに自害することになる。死の間際に息子の趙雲に青釭剣を託して逃亡させ、倚天剣を持つ李全を捜索させる。

図5　『三国志～趙雲伝～』

まるで父親から伝説の剣を託されたロールプレイングゲームの勇者のように趙雲を描いているが、これはもちろんドラマの創作である。趙安と李全もドラマにしか登場しない架空の人物である。青釭剣は、演義において長坂坡の戦いの際に趙雲が曹操のお気に入りの夏侯恩《かこうおん》から奪い取ったとされるもので、倚天剣はその対になる剣とされる。

ドラマの前半では、ヒロイン夏侯軽衣《かこうけいい》（彼女を演じるのがユナである）との恋愛模様、幼馴染み柳慎《りゅうしん》との友情、そしてライバル武将の高則《こうそく》（やはり韓国の俳優キム・ジョンフンが演じる）や、趙雲の地元真定県の虎牙山《こがさん》を根城とする山賊との戦いが描かれる。夏侯軽衣・柳慎・高則などもドラマの創作である。コーエーテクモゲームスのシミュレーションゲーム『三國志』シリーズでは、オリジナル武将を作ってゲームの中に登場させるという機能があるが、彼らはそのオリジナル武将のような存在だ。

虎牙山の山賊との死闘が前半の山場である。彼らを黄巾《こうきん》の乱を起こした黄巾党の残党という設定にすれば、三国志ドラマとしてももう少し深みが出たのではないかと思うが、残念ながら本作の制作者にはそういう見識はない。

ドラマの後半では、趙雲が群雄の公孫瓚《こうそんさん》に仕え、公孫瓚とは旧友にあたる劉備の知遇を得てその臣下となる。そして長坂坡の戦い、赤壁の戦いを経て、劉備が益州の地を獲得して漢中王《かんちゅうおう》を称し、趙雲が五虎将のひとりとなるまでが駆け足で描かれる。

最後は趙雲が、倚天剣を手にした高則との戦いに決着をつけて幕を閉じる。オリジナル武将が退場することで、荒唐無稽の塊のような三国志物語が演義の筋立てに戻っていく。実は本作のストーリー展開は、荒唐無稽と見せかけて、大筋では演義の展開をはずしていない。趙雲が世に知られるようになる以前の時期を中心として、演義や正史に描かれない部分でオリジナル武将たちを活躍させているのである。

やはり前文で名前を挙げた『**三国志　呂布と貂蟬**』については、「美女連環《れんかん》の計」で知られる貂蟬が黄巾の乱を起こした張角《ちょうかく》の生まれ変わりで、彼の遺志を継ぐことを期待され、演義で一騎打ちでは敵《かな》う者なしとされる勇将呂布が森の中で猛獣に育てられた野生児で、貂蟬を守る使命を帯びているという具合に、設定や話の展開があまりに荒唐無稽であった。演義の筋立てや人物像から逸脱しすぎているとして、当局（具体的には広電総局。この機関については第3章を参照）の指導により、呂布を「天涯《てんがい》」、貂蟬を「蝶舞《ちょうぶ》」といったように、登場人物の名前を三国志とは無関係のものに改め、ドラマのタイトルも原題の『呂布与《と》貂蟬』から『蝶舞天涯』に改められたという。

『趙雲伝』も荒唐無稽さではいい勝負で、三国志ファンからの評価も散々であったが、当局からはそのような措置は受けていない。演義の筋立てから逸脱せず、その隙間を突くような作りに徹して、「七実三虚」の分を守ったからであろうか。

第2章　『キングダム』の時代と実力主義

『キングダム』の舞台である春秋・戦国時代のキーワードとなるのが、「下剋上《げこくじょう》」と「実力主義」である。本章では、戦乱の時代の君主と臣下の関係を、「実力主義」というレンズを通して見ていくことにしよう。

下剋上と実力主義の時代

原泰久《はらやすひさ》の人気コミック『キングダム』といえば、「天下の大将軍」となることを夢見る少年の信《しん》（李信）が、奴隷同然の身から政《せい》、すなわち若き日の始皇帝に仕えることになり、天下統一をめざして戦うという筋立てである。これまで三シリーズにわたってアニメ化されているほか、二〇一九年には実写版の映画も公開された。『キングダム』の舞台となるのは、春秋・戦国時代（紀元前七七〇年～前二二一年）の末期にあたる。春秋・戦国以前に中国を統治していたのは西周《せいしゅう》王朝である。これが前七七一年に一旦滅亡し、都を現在の西安《せいあん》付近にあった鎬京《こうけい》から、現在の洛陽《らくよう》にあたる洛邑《らくゆう》に遷り、再起を図ることになる。これが周の東遷《とうせん》であり、以後の周王朝を東周《とうしゅう》と呼ぶ。東遷以後の時代が春秋・戦国時代となる。

この時代には周王朝の力が衰え、地方を治める諸侯の力が増していく。そして斉《せい》の桓《かん》公《こう》、晋《しん》の文公《ぶんこう》、秦《しん》の穆公《ぼくこう》、宋《そう》の襄公《じょうこう》、楚《そ》の荘王《そうおう》といった有力諸侯が覇者の地位につき、諸侯たちのリーダーとなった。彼らは「春秋の五覇《ごは》」と総称される（ただし五覇の内訳は呉王闔閭《ごおうこうりょ》や越王勾践《えつおうこうせん》を加えたりと、諸説ある）。この覇者の時代が春秋時代ということになる。

戦国時代になると、燕《えん》・斉・韓《かん》・魏《ぎ》・趙《ちょう》・秦・楚の「戦国の七雄《しちゆう》」が台頭する。春秋の覇者たちは「尊王攘夷《そんのうじょうい》」を唱えて周王を奉《たてまつ》ったが、戦国の七雄はそれぞれ周と同格の「王」を称する。そして七雄のうち秦が、孝公《こうこう》の時代に法家の商鞅《しょうおう》を迎えて変法《へんぽう》と呼ばれる改革を推進したことにより強大化し、孝公の五代目の子孫にあたる始皇帝によって天下統一が達成される。

春秋・戦国時代のキーワードとなるのが「下剋上」と「実力主義」である。戦国の七雄のうち韓・魏・趙はもともと晋の国の家臣であったが、主君を圧倒して諸侯にまで成り上がった。斉の国でも有力家臣の田《でん》氏が諸侯の地位を乗っ取っている。そして諸侯たちは、秦の孝公が商鞅を抜擢したように、身分や血筋にとらわれず、実力のある者を取り立てて富国強兵を図った。

1代 襄公〔前777～前766〕
|
25代 孝公〔前361～前338〕
|
26代 恵文王〔前337～前311〕
|
27代 武王〔前310～前307〕
|
28代 昭王〔前306～前251〕（※武王弟）
|
29代 孝文王〔前250〕
|
30代 荘襄王〔前249～前247〕
|
31代 始皇帝（嬴政）〔前246～前210〕

図1　秦の主な歴代君主

周代の王侯の在位年については諸説あるが、ここでは『史記』十二諸侯年表及び六国年表に見える在位年に拠った

年代を確認しておくと、一般に春秋時代が始まるのが西周の滅亡の翌年、前七七〇年とされる。戦国時代の開始年は諸説あるが、日本では一般に晋国で韓・魏・趙の三氏が台頭する前四五三年、あるいは韓・魏・趙が周王朝により正式に諸侯として承認された前四〇三年とされる。始皇帝による統一が前二二一年である。

春秋・戦国時代に活躍した人物は、斉の桓

公や晋の文公といった諸侯たちのほか、彼らを支えた斉の管仲《かんちゅう》、「死屍《しし》に鞭打つ」で知られる呉の伍子胥《ごししょ》、秦の商鞅や、『キングダム』にも登場する呂不韋《りょふい》ら名臣たち、長平《ちょうへい》の戦いで知られる秦の白起《はくき》、その秦と戦った趙の廉頗《れんぱ》といった武将たち、そして孔子、老子、孫子ら「諸子百家《しょしひゃっか》」と呼ばれる思想家たちも含まれる。

この時代を描いたエンタメ作品としては、『キングダム』のほか、『重耳《ちょうじ》』『晏子《あんし》』『孟嘗君《もうしょうくん》』『奇貨居《きかお》くべし』など宮城谷昌光《みやぎたにまさみつ》の小説や、台湾の鄭問《チョンウェン》によるコミック『東周英雄伝』、横山光輝によるコミック『史記《しき》』などがよく読まれている。ただ、前章で取り上げた三国志や、項羽と劉邦の楚漢《そかん》戦争と比べると、数としては少ない印象である。

始皇帝ドラマあれこれ

ここでドラマについて見てみよう。この時代を描いた作品として定評があるのが、『**東周列国《とうしゅうれっこく》 春秋篇**』と『**東周列国 戦国篇**』である。明清時代の古典小説『東周列国志』のドラマ化という位置づけで、西周の滅亡から始皇帝による統一まで、春秋・戦国時代の主要なエピソードを読み切り形式で取り上げている。『春秋篇』が一九九六年に放映され、全三十話構成、『戦国篇』が一九九九年放映で全三十二話構成となる。

その他の作品は、三国志の場合と同様に人物、あるいは特定のエピソードに着目したものとなる。この時代の人物でこれまでドラマの題材になったのは、孔子、孫子の兵法で知られる孫武、秦王政（始皇帝）の暗殺を図った刺客の荊軻《けいか》などである。

もちろん『キングダム』の政こと始皇帝もよくドラマの題材となっている。**『始皇帝烈伝　ファーストエンペラー』**（二〇〇七年放映）は彼の生涯を描いた正統派の歴史ドラマで、陳凱歌《チェンカイコー》監督の映画**『始皇帝暗殺』**では荊軻を演じた名優張豊毅《チャンフォンイー》が始皇帝役である。**『始皇帝―勇壮なる闘い―』**は原題を「大秦《だいしん》直道《ちょくどう》」という。秦の都咸陽《かんよう》の近辺から、遊牧民の勢力匈奴《きょうど》との最前線までをつなぐ「直道」と呼ばれる専用道路の敷設がテーマで、始皇帝と、直道の敷設に関わった将軍蒙恬《もうてん》が主役である。

図２　『東周列国 春秋篇』

ただ、こちらはどういう事情があったのか、中国ではＤＶＤは出たもののテレビ放映はされなかったようである。中国では規制・検閲の結果テレビ放送できないということもあれば、単に放映権を買い付けるテレビ局などが現れないままお蔵入り状態となることもある。制作される作品数が多いので、そういったことも起こり得るのである。このような場合、制作側が少しでも元を取ろうと、取り敢えずDVDを出してしまったり、日本を含めた海外に放映権などの権利が販売されたりする。近年はテレビ放映されず動画配信サイトでのみ提供される作品も多い。

台湾の温世仁《ウェンシーレン》の武侠小説『秦《しん》時明月前伝《じめいげつぜんでん》』を原作とする『**麗姫と始皇帝~月下の誓い~**』（二〇一七年配信）は、「小鮮肉《シアオシエンロウ》」（イケメン俳優）の張彬彬《ヂャンビンビン》が若き日の始皇帝、ウイグル族の人気女優迪麗熱巴《ディリラバ》がヒロインの公孫麗《こうそんれい》を演じる、いわゆるアイドルドラマである。『キングダム』の実写映画版では吉沢亮が政を演じて話題となったが、中国でも今時は始皇帝だろうがなんだろうが取り敢えずイケメン俳優をキャスティングという時代なのである。

NHKのBSプレミアムで放映された『**コウラン伝　始皇帝の母**』（二〇一九年配信）は、邦題通り始皇帝の母の趙姫《ちょうき》（作中では李皓鑭《りこうらん》という名となっている）をヒロインとし、始皇帝の父荘襄王や、始皇帝の実父とされることも多い呂不韋との愛憎を描いた変わり種である。若年の頃の始皇帝も登場する。

始皇帝はそのほかにも『**項羽と劉邦 King's War**』のような楚漢戦争物や、タイムスリップ物にも登場する。タイムスリップ物の中の始皇帝については、次章で触れることにしよう。

時代の子

一方、ドラマの題材として取り上げられてきたこの時代のエピソードとしては、『趙《ちょう》氏孤児《しこじ》』や呉越《ごえつ》の争いなどがある。『趙氏孤児』は春秋時代の有力氏族趙氏が奸臣《かんしん》の屠《と》岸賈《がんこ》によって滅ぼされ、趙氏の当主趙朔《ちょうさく》の客分であった程嬰《ていえい》と公孫杵臼《こうそんしょきゅう》が、唯一生き残った趙朔の遺児である赤子（すなわち趙氏孤児）を守り育て、仇討ちと御家再興を果たさせるという話で、元の時代に元曲《げんきょく》（戯曲）としてまとめられた。やはり陳凱歌がこの物語を題材とし、『**運命の子**』という映画を発表している。

二〇一三年放映、全四十五話構成の『**天命の子～趙氏孤児**』は、『**三国志～司馬懿 軍師連盟～**』の呉秀波《ウーシウボー》が程嬰を演じている。趙氏孤児の生存を隠し通そうとする程嬰と、趙氏孤児の生存を疑う一方で、敵ながら程嬰の能力を高く評価し、自分の配下に迎えようとする屠岸賈とのすれ違いや腹の探り合いが見所である。敵役の屠岸賈も魅力的に描かれている。

屠岸賈から実力を見込まれている程嬰は何者かといえば、一介の医師にすぎない。主君にあたる趙朔は、却って彼の力を見抜けていない。屠岸賈も趙氏ほどの名門というわけではなく、晋の君主景公《けいこう》に取り入って趙朔の地位に取って代わろうとしている。要するに成り上がり者である。程嬰も屠岸賈も下剋上と実力主義の時代の子なのである。

図3 『天命の子』

趙朔の方は、晋国随一の名門の出で景公の姉を妻としているが、その身分の高さゆえに景公から警戒される立場でもあることをまったく理解していない。楚国との戦争を任されても、出征中に旱魃《かんばつ》による飢饉に苦しむ人々を目にすると、兵糧を被災民への炊き出しに流用してしまう。

趙朔の性格は、理想主義者といえば聞こえはよいが、単なるお人好しにも見える。そういう性格を屠岸賈につけ込まれ、彼の陰謀に乗せられて兵権を景公に返上し、自分の身を守ってくれる食客たちに対しても全員暇《いとま》を出してしまう。そして屠岸賈に猜疑心を増幅させられた景公は、趙氏族滅の命を下し、趙朔は手も足も出せずに自決するほかない。

ただ、産まれたばかりの趙朔の子は、屠岸賈の使用人によって密かに匿《かくま》われ、一命を取り留める。その使用人の故郷の村は、旱魃による飢饉に見舞われた折に、趙朔の炊き出しによって救われ、趙朔を恩人と慕っていたのである。

趙朔はその甘い性格のゆえに身を滅ぼすことになったが、逆にその性格と行動が幸いして、殺されるはずだった息子の命が助けられた。禍福《かふく》は表裏一体なのである。一般に中国人は現実主義者で理想主義など鼻に掛けないというイメージがあるが、実のところ中国人も理想主義の効用をちゃんと認識しているのではないかと思う。そして程嬰の「実力」は、おそらくは理想に生きる趙朔や趙氏のためにしか発揮できないものであった。

どうして秦が統一に成功したのか？

特定の人物や事件ではなく、歴史観に切り込んだような作品も存在する。二〇一九年末に騰訊《シュン》（テンセント）で配信された『**キングダム〜戦国の七雄**』は、戦国の七雄のうちどうして秦が台頭して統一に成功し、ほかの六国が滅亡したのかを追究している。一話につき七雄を一カ国ずつ取り上げていく全七話構成で、歴史ドキュメンタリーの再現ドラマの部分だけを抜き出してつなげたような作品である。

戦争の話はナレーションで済ませるなど、室内劇中心の展開であるが、斉の湣王《びんおう》役に李立群《リーリーチュン》、商鞅役に喩恩泰《ユィエンタイ》をキャスティングするなど、要所要所に有名俳優を配している（この二人は後述の『**大秦帝国**』シリーズにも別の役柄で出演している）。

毎回のオープニングは、機械仕掛けのミニチュアで表現された七雄の各国の都城を巡っていくという趣向で、アメリカＨＢＯ制作のドラマシリーズ『ゲーム・オブ・スローンズ』のオープニングを連想させる。舞台となっているのは「七王国」ならぬ七雄である。

各回のタイトルは、燕国篇「燕過無痕」（燕の過ちに傷痕無し）、趙国篇「烈乱之国」（烈乱の国）、楚国篇「貴族之殤」（貴族の禍根）、韓国篇「権術的代価」（権謀術数の代償）、魏国篇「士人的魔呪」（士人の呪い）、斉国篇「靖綏之謎」（安逸の謎）、秦国篇「為什麼是秦?」（どうして秦だったのか?）と、各国の特徴をとらえたものとなっている。

中身も各国の歴史をひとつの特徴や傾向に集約したものとなっている。たとえば趙国篇では、趙人の精悍《せいかん》で荒々しい気性に着目し、遊牧民の騎馬戦術を取り入れるための改革である趙の武霊王《ぶれいおう》の「胡服騎射《こふくきしゃ》」、秦との長平の戦いでの大敗、『キングダム』にも登場する武将李牧《りぼく》の粛清など、趙国の軍事にまつわるエピソードを中心にまとめている。

図4　『キングダム～戦国の七雄』

韓国篇では、まず最初に『趙氏孤児』の話が取り上げられる。韓の君主の祖先韓厥《かんけつ》は実直な性格で、趙氏の再興を助けた人物であった。前述の『天命の子』でも主要登場人物となっている。その実直な性格は子孫にも受け継がれたが、法家の思想家申不害《しんふがい》が宰相となってから、権謀術数を弄することを覚え、実直さを尊ぶ気風が失われていく。そしてそれが国家を蝕《むしば》んでいくことになる。ここでは権謀術数が否定的に扱われている。

無論、現実には国家の特徴や滅亡の原因はこのように単純に評価できるものではないのだが、切り口としてはおもしろい。

人材の登用という面に着目したのが、楚国篇、魏国篇、秦国篇である。楚国篇では、兵法書『呉子《ごし》』の著者として知られる呉起《ごき》が悼王《とうおう》に抜擢されて改革が進められるが、悼王が没すると、その葬儀の場で、改革に反発する貴族たちが彼を殺害する。この呉起の粛清に示されるように、楚国は最後まで抵抗勢力としての貴族を排除できなかった。

魏国篇では、初代の君主文侯《ぶんこう》が孔子の弟子の子夏《しか》に師事するが、その後は能力があっても身分の低い士人《しじん》を冷遇し、王族などの身内を重用して没落の道を辿る。もともと魏に仕えながら他国に逃してしまった大物としては、呉起、商鞅、孫武の子孫とされる「斉孫子」の孫臏《そんぴん》、宮城谷昌光の小説『青雲はるかに』の主人公范雎《はんしょ》がいる。

筆者の応援するプロ野球球団の阪神タイガースは、折角有望な選手を獲得しても潜在能力を生かし切れず、トレードやFA宣言で他球団に移籍すると中心選手に成長するということを何度となく繰り返してきたが、まるでその様子を見ているようである。

魏を離れた人物のうち商鞅と范雎が秦に移籍したと書くと、秦国篇のタイトルとなっている「どうして秦だったのか？」の答えはもう明らかであろう。秦は人物を身分ではなく能力で登用する実力主義を推し進め、商鞅の変法のような法家思想に基づく改革を進めたことによって強大化し、天下統一を成し遂げたのである。

『キングダム』の信が、奴隷同然の身ながらも「天下の大将軍」となることを夢見たのは、おそらくは商鞅の変法により、生まれ育ちに関係なく敵の首を獲るなど軍功を挙げた者に爵位を与え、昇進させていくという、実力第一の軍功爵《ぐんこうしゃく》の制度が背景となっている。彼の夢はほかの六国では根本的に実現不可能なものであったが、秦ではわずかながらでも夢を叶えられる道が開けていたのである。

架空の春秋・戦国時代

実力主義を尊ぶ風潮は、架空の春秋・戦国時代を舞台にしたドラマ『**刺客列伝**《しかくれつでん》』でも感じとることができる。架空の春秋・戦国時代と言われると奇妙に思われるかもしれないが、春秋・戦国時代っぽい雰囲気の架空の世界ということである。タイトルに「刺客列伝」とあるが、司馬遷《しばせん》『史記』の刺客列伝（荊軻らの事績が収められている）とは何の関係もない。

図５　『刺客列伝』

二〇一六年から翌二〇一七年にかけて、動画配信サイト捜狐《ソーフー》（ＳＯＨＵ）で二部構成、全六十話で配信された。一話あたり三十五分程度の尺であったのを、日本語版では一話あたり四十五分程度、全四十六話構成に編集しなおしている。

舞台となるのは中原《チョンユエン》ならぬ中垣《チョンユエン》。『キングダム〜戦国の七雄』で戦国の七雄各国の気風が特徴づけられていたように、このドラマでも諸侯国にはそれぞれ特徴がある。

現実の歴史の東周王朝に相当する天子の国もあれば、中垣で最も富裕でありながら、国王は絵に描いたようなバカ殿という国もあり、重要事を卜占《ぼくせん》で判断する国もあれば、有力氏族が国政を掌握して国王は単なる傀儡《かいらい》にすぎないという国もあるといった具合である。

戦国の七雄を模したような中垣諸国の興亡を描くということで、舞台設定にはそれなりにスケールの大きさが感じられる。しかし実のところ本作はネット配信のみの低予算ドラマとして制作されたので、特に第一部ではセットも小道具もチープで、戦争に関わる場面はナレーションで済まされる。

そして最も大きな特徴は、出演俳優は男性のみということである。衣装代がかかりそうな後宮《こうきゅう》の妃嬪《ひひん》を出したくなかったということなのか、女性はまったく登場しない。王侯から街の通行人に至るまで、見事なまでに男性ばかりである。各国の君主や、彼らを支える軍師・将軍といった主要な役柄も、名前の通った大物はキャスティングされておらず、出演料がそれほどかからなさそうな、ブレイク前のアイドルや「小鮮肉」を揃えている。架空歴史物であると同時にアイドルドラマとしても位置づけられるであろう。

また春秋・戦国時代っぽい雰囲気とは言っても、『史記』や『戦国策《せんごくさく》』のオマージュのような設定やエピソードが豊富に見られるわけでもない。強《し》いて言えば、南方の国が強大な軍事力でもって中垣への進出を図ると、中垣の国々が同盟を結んだりするのが縦横家《じゅうおうか》の蘇秦《そしん》・張儀《ちょうぎ》の合従連衡《がっしょうれんこう》を何となくイメージさせるとか、その程度である。

「小鮮肉」たちの実力主義

ただ、冒頭で諸侯国の放った刺客が天子に相当する君主を暗殺したり、国によっては国王が有力氏族の傀儡と化しているように、この作品でも春秋・戦国時代の特徴である「下剋上」の要素は見られる。

もうひとつの特徴である「実力主義」も濃厚に見られる。各国では若い君主や老臣が、身分は低くても能力のある人物を重職に抜擢して国政の改革や軍事力の強化を図ろうとする。

しかし『刺客列伝』では実力主義で結ばれた君と臣に過酷な末路が用意されている。ある国では国王が自分の命を救った侍衛を見込んで軍のトップの上将軍《じょうしょうぐん》に任命するが、猜疑心から彼を信じ切ることができない。結局国は敵国に滅ぼされ、君臣はそれぞれ自害して果てることになる。

別の国では、国王が自分の取り立てたブレーンとともに国内の改革を志すものの、彼の力を生かし切れないまま改革は頓挫し、やはり敵国に降伏することになる。国王は毒殺され、ブレーンとなった人物は亡命して主君のために復讐を図ることになる。

最後まで生き残るのは、冒頭で祖国を滅ぼされて流浪の身となった慕容黎《ぼようれい》（慕容離《ぼようり》）と、そして富裕な国の王でありながら政務を人任せにして遊びほうける執明《しつみょう》（日本語版の読みに合わせておく）である。慕容黎は執明のお気に入りとなり、大国の重臣という地位と知謀を生かして中垣各国の英主や能臣たちを翻弄し、祖国の復興を成し遂げる。

バカ殿であった執明は、自分を庇護してくれた守《も》り役の死をきっかけとして、急速に君主として成長を遂げていく。慕容黎の方は逆に、これまで祖国復興のために執明を体よく利用してきたのが、彼の裏表のない友情と誠意に感じ入り、本当の友人になろうとする。

実力主義によって引き立てられた将軍やブレーンが無残に散っていき、バカ殿執明が目覚めて賢主となり、権謀術数の権化であった慕容黎が友情を信じるようになる。この展開にいささか実力主義に対する皮肉めいたものを感じるのは筆者だけであろうか。

キングダムかエンパイアか

ここで再び現実の歴史を描いた作品を取り上げることにしよう。『大秦帝国』は商鞅の変法から始皇帝による統一帝国の成立を経て、そしてその滅亡までを描く大河シリーズである。原作は孫皓暉《スンハオフィ》による歴史小説シリーズであり、全六部十一巻からなる。

ドラマ版は秦の孝公と商鞅を主役とする第一部『**大秦帝国**』（二〇〇九年放映、全五十一話）、孝公の子の恵文王《けいぶんおう》と連衡策で知られる張儀を主役とする第二部『**大秦帝国　縦横**

図６『昭王～大秦帝国の夜明け～』

＝**強国への道**＝』（二〇一三年放映、全五十一話）、恵文王の子の昭王《しょうおう》（昭襄王《しょうじょうおう》とも）を主役とする『**昭王～大秦帝国の夜明け～**』（二〇一七年放映・配信、全四十話）、そして始皇帝と呂不韋を主役とする第四部『**大秦帝国～天下統一への道～**』（二〇二〇年放映・配信、全七十八話）と、全四部作として放映・配信されている。

第四部は『キングダム』の時代とも重なっている。ただし原作者とドラマ版の制作会社との間の対立により、第四部は小説版とは無関係という扱いになった。第四部の原題は『大秦《だいしん》賦《ふ》』。中国語のタイトルとしては「大秦帝国」と名乗れなくなったのである。ドラマシリーズも秦による中国統一で幕引きとし、秦の滅亡を描くことなく、これで一旦完結となった。

『大秦帝国』というタイトルに示されているように、秦は多数の勢力と民族を征服し、広大な領土を支配し、かつ君主が「皇帝」と称したということで、通常「帝国」と表現される。『キングダム』のタイトルは、なぜ「帝国《エンパイア》」ではなく「王国《キングダム》」なのであろうか？ 著者原泰久なりの考えがあるのかもしれないが、気になるところである。『大秦帝国』シリーズは第三部までそれぞれ日本語化されている。ただし第一部はDVD五枚分、一枚につき百分強のサイズに再編集され、第三部は全三十八話構成として調整されている。

秦の歴史を中心に描いているが、第一部では商鞅が当初魏に仕えた関係から、魏の動向にも触れられ、孫臏と龐涓《ほうけん》による馬陵《ばりょう》の戦いなども描かれている（龐涓は第一部の主要登場人物のひとりである）。またシリーズの随所で孟子・荘子といった諸子百家や、斉の孟嘗君《もうしょうくん》・趙の平原君《へいげんくん》・魏の信陵君《しんりょうくん》・楚の春申君《しゅんしんくん》の戦国四君《しくん》、楚の屈原《くつげん》のような有名人が登場する。

配役については、魏の恵王《けいおう》役の李立群、昭王の母后となる羋八子《びはっし》（宣太后《せんたいごう》）役の寧静《ニンジン》など、複数のシリーズに跨がって登場人物の配役をなるべく揃えている。羋八子は秦の恵文王の妃でありながら、義渠《ぎきょ》という勢力の王とも関係を持ち、子を儲けたことで知られる。近年中国時代劇でヒロインとして注目されている人物で、有名女優孫儷《スンリー》主演の**『ミーユエ　王朝を照らす月』**（二〇一五年放映・配信）の題材ともなった。

ただ、シリーズの作風は作品ごとに違いがある。原作者孫皓暉自身が脚本を担当した第一部は正統派の大河ドラマという感じで、孝公の妹の熒玉《けいぎょく》、女商人の白雪《はくせつ》といったヒロインが物語を彩る。中国時代劇では、本作のように原作者自身が脚本を担当する事例がままある。しかしシリーズが進むごとに、こうした架空の人物の出番が減っていく。

第二部・第三部では孫皓暉が脚本を外れ、丁黒《ディンヘイ》監督、張建偉《チャンヂエンウェイ》脚本のコンビで制作された。そして『**三国志 Three Kingdoms**』で見られたような、登場人物を政治的な人間として描き出す作風となっており、時に露悪的な描写も見える。この作風の違いが、前述の原作者とドラマ版制作会社との対立の一因になったのかもしれない。第二部以降については、原作者が脚本を担当し、別の制作会社によりリブートされるという報道もなされている。

それでも第二部はエキセントリックな演技が印象的な富大龍《フーダーロン》演じる恵文王と、コミカルな演技が売りの喩恩泰演じる張儀によって露悪性がほどよく中和されていた。コメディの要素が露悪性を中和するという点は、『**三国志〜司馬懿 軍師連盟〜**』の場合と同様である。しかし第三部ではそのような中和剤すらなく、露悪性がストレートに視聴者に直撃する。

君子とブレーン――「偽君子」孟嘗君

その様子を見ていく前に、シリーズ中の君と臣の関係について確認しておこう。第一部では、孝公は商鞅というパートナーを得て二人三脚で変法を推し進めていくことになる。息子の恵文王も張儀と意気投合し、彼をブレーンとして他の六国と渡り合っていく。第一部でも第二部でも、富国強兵を志す君主が「実力主義」の観点から自分を支えてくれる宰相を見出し、焚玉、白雪、あるいは芈八子のようなヒロインが二人に花を添えるという構図となっている。

しかし張博《チャンボー》演じる第三部の主人公の昭王は、彼にとっての商鞅、張儀をなかなか見出すことができない。ついでにヒロインも見出すことができず、第二部から引き続き宣太后すなわち芈八子が実質的なヒロインを務めることになる。

昭王は母后によって最初から魏冉《ぎぜん》（穰侯《じょうこう》）という宰相があてがわれている。彼は宣太后の弟であり、王の母方の叔父ということで権勢を誇っている。「実力」と実績があるのはわかっているが、昭王にとっては煙たい存在である。そこで昭王は、国際的に信望のある斉の孟嘗君を自国の宰相として迎え入れ、魏冉を牽制しようとする。

しかしその孟嘗君も一皮剝けば、利己的な俗物にすぎない。宣太后はそのことを息子にわからせようと、罠を仕掛ける。孟嘗君が挨拶にやって来たおりに、彼女はわざと孟嘗君の名が書かれた竹簡の束が目に付くようにする。孟嘗君はその文書に自分の誹謗中傷が書かれているのではないかと気になってたまらず、夜な夜な食客に盗ませる。しかしその様子は部屋に潜んでいた昭王と宣太后に目撃されていたのであった。

宣太后は息子に、「孟嘗君が招聘に応じたのは虚名を得るためだけで、誠意などありはしない」「彼は敵国斉の王族。いつかは秦を捨てて斉へと帰っていく」「結局頼りになるのは身内であるお前の母と魏冉しかいないのだ」と畳みかける。

この一件で秦に居づらくなった孟嘗君は、有名な「鶏鳴狗盗《けいめいくとう》」の話を挟んで函谷関《かんこくかん》を通過し、斉にトンボ返りしてあっという間に重臣へと返り咲く。そして自分を登用した昭王の面子《メンツ》を潰すのも厭わず、諸国と結んで秦へと攻め込む。結局宣太后の言う通りになってしまったというわけである。中国では、本作の孟嘗君のように外面は君子然としていながら、内面は俗物であるような人物を「偽君子《ぎくんし》」と呼ぶ。『Three Kingdoms』の劉備も偽君子と言えるだろう。

その後も昭王は性懲りなく、「実力」ある者を自分の手で抜擢しようとする。次に彼が目を付けたのは、魏から逃亡してきた范雎（張禄《ちょうろく》とも）であった。本作では、彼は知謀を具《そな》えているが、人格低劣な小人物として描かれている。彼は事の是非をわきまえず、昭王におもねって秦国で戦神《せんしん》（軍神）と謳われる名将白起を排斥しようとする。

白起は本シリーズでは第二部から登場し、一兵卒の身から「実力」を買われて武安君《ぶあんくん》の号が与えられるまでに立身出世した。第三部では主人公の昭王も含め、身勝手で利己的な人物が目立つ中で、数少ない誠実で高潔な人物である。ただ、若いころから魏冉の親友ということもあって、昭王にはやはり煙たい存在である。

なお、この白起は第三部では当初王学兵《ワンシュエビン》がキャスティングされていたが、撮影終了後に彼の薬物疑惑が浮上し、新たに邢佳棟《シンヂアドン》がキャスティングされて撮り直された。日本では二〇二〇年の大河ドラマ『麒麟がくる』で、帰蝶《きちょう》役の沢尻《さわじり》エリカが薬物所持によって降板し、川口春奈《かわぐちはるな》が代役となって撮り直されるということがあったが、中国でも似たようなことは時々ある。

白起といえば長平の戦いで降伏した四十万の敵国趙の兵隊を穴埋めにしたことで知られる。本書では詳述しないが、ドラマではこの話にひねりが加えられている。

更に余談を重ねる。この長平の戦いに前後して、秦側が趙の有力者の買収工作を進める場面が出てくるのだが、中国での放映・配信開始当時、その買収工作の対象者リストの竹簡に篆書で習近平《シーヂンピン》・胡錦濤《フーヂンタオ》・温家宝《ウェンヂアバオ》・李克強《リーカーチアン》ら政治家の名前が篆書体で書かれているのが映っていたことで騒動となった（この場面はネット配信版では既に削除されている）。

第三部放映・配信当時、中国で流行語となったネットスラングに「趙家人《ヂャオヂアレン》」（趙家の人）というのがある。魯迅《ろじん》の『阿Q正伝』に登場する金持ちの家の趙家に由来しており、特権を持った有力者を揶揄する言葉である。派生語として「趙国《ヂャオグオ》」「趙王《ヂャオワン》」という言葉もある。それぞれ中国共産党、そして党や国家の指導者を指すとされる。

買収工作に応じた「趙国」の人、「趙王」の臣下として習近平らの名前が挙げられているのは、党や国家の指導者はみんな賄賂に弱い俗物であるという揶揄が込められているわけである。この事件は、第三部の全体に漂うシニカルで露悪的な雰囲気によくマッチしており、格好の演出であるようにも思える。すぐれた時代劇は、時に現実すら物語の一部として巻き込むのである。

実力主義の陥穽

閑話休題。白起は長平の戦いで趙の大軍を打ち破ると、その余勢を駆《か》って趙の都の邯《かん》鄲《たん》に攻め込むことを進言するが、これ以上彼に軍功を立てさせるのはまずいという范雎の進言を聞き入れて昭王は提案を却下し、趙と和平を結ぶ。しかし一度は和平に合意したはずの趙は、城市の割譲を求められると、たちまち掌《てのひら》を返して和平を反故《ほご》にし、諸国と同盟を結んで秦と対抗する。

昭王は自ら白起に出征を請うが、白起は既に邯鄲攻めの好機を逸した、今攻めても自軍の犠牲者が増えるだけだと首を振る。ここで白起は昭王に対し、自分は国家のためにそう言っているのだ、自分はこれまで秦の国に対して心から忠誠を尽くしてきたと訴えるが、昭王はこれに対して、「お前は秦の国よりも前にまず私に忠誠を尽くすべきなのだ！」と目を剝いて反論する。昭王が求めていたのは、たとえば范雎のような、国家よりも何よりも自分に忠実な人間なのである。

白起は以後も昭王に屈服する姿勢を見せず、一兵卒の身分に降されても自害を命じられても淡々と受け入れ、死んでいく。昭王は白起の死後、嬴摎《えいきゅう》という無名の軍人を抜擢し、六国と対抗する。嬴摎は『史記』の中で将軍摎として現れる謎の人物である。『キングダム』では女性・摎《きょう》として描かれている。

昭王にとって「実力主義」とは一体何なのだろうか？　我々は身分や血筋にとらわれず、その人の実力を評価して抜擢するというと、無条件でよいことのように考える。だが、たとえば後代の科挙《かきょ》制度のような、ある程度公正に能力を評価する制度と基準がない状態で、昭王のような専制的な君主の主観で「実力」を判断すればどういうことになるのだろうか。秦の孝公は商鞅を得ることができたが、その孫の昭王が得たのは、范雎のような主君におもねる小人であった。昭王は『天命の子』の程嬰が「実力」を発揮したいと思えるような人物ではあるまい。

『キングダム』の信は、今のところ昭王の曽孫にあたる政のもとで、存分に「実力」を発揮し、また自らを成長させている。しかし若く英邁な政が、我々のイメージする一般的な始皇帝の姿、すなわち利己的で残忍で猜疑心にとらわれた人物に変貌した時、そして信と政が切り開いた領土が王国《キングダム》から帝国《エンパイア》となった時に、信や他の将軍たちの「実力」はその目にどのように映るのだろうか？

第3章　項羽と劉邦のタイム・パラドックス

近年中国で流行のタイムスリップ物では、主人公たちが歴史を改変しようとしても、タイム・パラドックスを解消しようとする力がはたらいて歴史を元通りの流れに戻してしまう。しかし彼らは本当に何も変えられないのだろうか？

始皇帝に会いに行く

異世界転生物はライトノベルの定番ジャンルのひとつである。現代人が過去や未来の世界に飛ばされるのをタイムスリップ物と称するのに対し、現実世界の人間が架空の世界に飛ばされるものを異世界転生物と称する。主人公が中華風の異世界に飛ばされる小野不由美の『十二国記《じゅうにこくき》』シリーズは、このジャンルの代表的な作品のひとつである。タイムスリップ物、異世界転生物は、中国語では両方ひとまとめにして「穿越劇《チュアンユエヂュィ》」と呼ばれる。「穿越」とは通り越す、通り抜けるという意味で、時空間を通り抜けるということでこの呼称が用いられている。

穿越劇は中国時代劇でも人気のジャンルとなっており、現在でも新作が作られ続けている。こう書くと中国事情に詳しい方は「中国ではその種のドラマの制作が禁止されているのではなかったのか?」と首をひねるかもしれない。その疑問には後ほど答えることにして、まずは順を追って話を進めていくことにしよう。

映像作品で穿越劇の元祖と言えそうなのは、一九九〇年公開の香港映画『**テラコッタ・ウォリア/秦俑《しんよう》**』である。ただ、こちらは不老不死の薬を飲まされて兵馬俑に封印された始皇帝の時代の軍人が一九三〇年代の中国で甦るという物語で、古代人が現代にやってくるというパターンである。中国の映画監督として著名な張芸謀《チャンイーモウ》が主役の秦の軍人を演じており、彼は一九三〇年代の中国で、秦(前二二一年~前二〇六年)の時代の恋人に瓜二つの女性と出会うことになる。このヒロインを、張芸謀映画でお馴染みの女優鞏俐《ゴンリー》が演じている。

現代人が過去に行くパターンとしては、二〇〇一年に香港で放映されたドラマ『**尋秦記**《じんしんき》　**タイムコップB.C.250**』がある。全四十話構成で、香港のＳＦ・武侠小説家黄易《ホアンイー》の『尋秦記』を原作としたものである。

主人公は二十一世紀の特殊警察の一員項少龍《シアンシャオロン》。彼は発明されたばかりのタイムマシンの実験台として始皇帝の時代にタイムスリップすることになる。秦王政、後の始皇帝の即位式の様子を撮影して帰ってくれれば、別れた彼女とよりを戻せるよう、別れる前の時点にタイムスリップさせてもらえるという条件である。彼は秦王政が即位する紀元前二四七年の秦の国にタイムスリップするはずが、トラブルによりその三年前の紀元前二五〇年、なおかつ秦ではなく趙の国に飛ばされてしまう。

図１　『尋秦記』

そこから始皇帝を探し出すという彼の苦労が始まるわけだが、古代の生活に戸惑ったり、呂不韋をはじめとする歴史上の人物と出会ったりと、タイムスリップ物のおもしろさが詰め込まれている。そして「項少龍」という名前でピンときた方も多いだろうが、項羽とも意外な形で関係することとなる。実は彼こそが項羽の父親だったというオチが用意されているのである。この作品は好評を博してタイムスリップ物の定番となり、二〇一八年には中国でリメイク版が配信された。

スマホの充電器を自作する

このジャンルの元祖として位置づけられる『テラコッタ・ウォリア』と『尋秦記』が秦や始皇帝を題材としているせいか、後続の作品もこの時代、あるいはもう少し後の項羽と劉邦の楚漢《そかん》戦争（前二〇六年～前二〇二年）を題材とするものが目立つ。

『THE MYTH 神話』もそのひとつである。この作品は二〇〇五年に公開された成龍《チョンロン》（ジャッキー・チェン）主演映画のドラマ版という位置づけであるが、両者の内容は異なる。

映画版は、ジャッキー演じる現代の考古学者ジャックの前世が始皇帝の武将蒙毅《もうき》という設定で、蒙毅と韓国の女優キム・ヒソン演じる玉漱公主《ぎょくそうこうしゅ》とのロマンスが見所のひとつである。蒙毅は前章で触れた蒙恬《もうてん》の弟にあたる人物である。現代の話と秦の時代の話とが交錯しつつ、最後にそれがひとつに交わるという趣向である。日本ではそれほどヒットしたわけではないが、中華圏では大ヒットし、テーマ曲の「美麗的神話《メイリーダシェンファ》」は中華ポップスのスタンダード・ナンバーとなっている。

ドラマ版は二〇一〇年放映で、全五十話構成である。主演とヒロイン玉漱公主はそれぞれ大陸の俳優の胡歌《フーガ》と白氷《バイビン》に交代している。主人公の設定も名前が易小川《イーシアオチュアン》、職業がカメラマンと大幅に変更されている。その彼が古代の秘宝の力で始皇帝の時代にタイムスリップするという趣向となっている。ドラマ版の方はタイムスリップ物になっているわけである。

図２　『THE MYTH 神話』

わけもわからないまま古代の世界に飛ばされた彼は、項羽と劉邦、その劉邦の妻となる呂雉《りょち》（呂后《りょこう》）といった歴史上の人物と触れ合うことになる。そして蒙恬と出会うと、彼は幼いころに行方不明になったその弟の蒙毅に違いないと決めつけられ、映画版と同様に秦の将軍蒙毅として始皇帝や、その側室として異国から送られてきた玉漱公主に仕えることになる。

そんな彼にとって欠かせないアイテムとなるのが、現代から持ち込んだスマホである。劉邦と義兄弟の契りを結ぶ際に記念の動画を撮影したり、玉漱公主とビデオメッセージを送り合ったりするのに活用するが、当然使い続けていると充電が切れる。そこで彼は衣服の刺繡に使われている金糸を利用してコイルにし、手動の発電器を作って充電するのである。そんな調子で、あり合わせの材料でバースデイケーキを作ったり、大将として戦争に出ればトロイの木馬ならぬ巨大な木虎を建造させたりとハチャメチャである。

それでは小川は持ち前の技術と知恵で天下を取れるのだろうか？　現代人が科学技術を駆使すれば過去の世界で天下を取れるのかというのは、日本の『戦国自衛隊』などの作品でもテーマとなっているが、その答えは作中の人物が出している。

呂公《りょこう》は娘の呂雉が小川に恋い焦がれているのを知ると、小川は大事を為す器ではない、結婚するなら劉邦の方がよいと忠告する。その時代の水準から卓越した技術や知恵を持っていても、器量がなければ天下を取れるものではない。そのことを呂公はわかっていたのである。そして物語の終盤で易小川の名は、天下を取った劉邦の手によって歴史の闇に葬られることになる。

中国版『イニョン王妃の男』

現代人が過去にタイムスリップするのとは逆に、古代人が現代にタイムスリップする『テラコッタ・ウォリア』タイプのドラマもある。『皇后《こうごう》的《の》男人《おとこ》～紀元《とき》を越えた恋～』である。二〇一五年に放映・配信され、全二十二話構成である。ただし日本語版は全二十話に編集しなおされている。

図３　『皇后的男人』

本作は韓国のタイムスリップドラマ『イニョン王妃の男』の舞台を中国に置き換えたリメイク作品で、監督は韓国からペ・ヨンジュン主演『ホテリアー』などの制作に携わったチャン・ヨンウを招聘している。

韓国ドラマは中国でも大ブームを巻き起こし、時代劇では日本と同様に『宮廷女官チャングムの誓い』が大ヒットした。韓流ブームは日本だけのものではない。というよりも、韓流はもともと台湾で発祥し、それが日本や中国などに流入して東アジア・東南アジア全体を席巻することになったのである。

舞台となるのは前漢（前二〇六年～後八年）末の成帝《せいてい》の時代、紀元前一六年である。成帝にはもともと許氏《きょし》という皇后がいたが、成帝は趙飛燕《ちょうひえん》を寵愛するようになり、許氏から皇后の地位を取り上げてしまう。趙飛燕は日本ではそれほど知られていないが、中国では楊貴妃とともに美女の代名詞的な存在である。

更にこの許氏を殺害して趙飛燕を皇后に立てようとする陰謀が進行するが、硬骨漢の公明《こうめい》がその陰謀を阻止しようとして刺客に襲われたところ、不思議な力を秘めた玉佩《ぎょくはい》の力で二〇一五年の世界にタイムスリップする。そこで成帝の時代を舞台とするドラマ『新趙飛燕』で許氏の役に抜擢された新人女優林湘《リンシアン》湘《シアン》と出会う。

謎の玉佩は、持ち主が生命の危機に陥った時にタイムスリップ機能が発動するという仕組みのようで、公明は危機が去ったら適当なタイミングで元の時代に戻されてしまう。そしてまた刺客に襲われたりしたら湘湘のもとにタイムスリップする。出会いと別れを何度となく繰り返すうちに、二人は恋仲となっていく。

古代人が危機に陥るたびに現代にタイムスリップし、過去と現代を何度も行き来するというモチーフは、ヤマザキマリのコミックで映画化もされた『テルマエ・ロマエ』を連想させる。こちらでは古代ローマの建築技師が浴槽で溺れたりして現代日本へとタイムスリップし、古代と現代を行き来する。

コミックといえば、このドラマでは売れない女優の湘湘がドラえもんの着ぐるみを着てバイトをしていたり、小道具としてドラえもんのぬいぐるみが映り込んだりと、ドラえもんに関係する演出が目につく。やはり同じタイムスリップ物という連想からの演出であろう。

歴史は変えられない

さて、現代世界に馴染んだ公明は許氏のその後を知りたいと思い、図書館で前漢の歴史をまとめた史書である『漢書《かんじょ》』を読むと、許氏が結局成帝の寵愛を取り戻せず、殺害されてしまうことを知って絶望する。しかし湘湘の「じゃあもとの世界で歴史を変えちゃえばいいじゃない」という言葉に触発され、歴史の改変を決意する。

紀元前一六年の世界に戻った公明の奮闘により、許氏の死は回避されたかと思われたが、二〇一五年の世界で『漢書』の記述を確認すると、今度は別の事情で許氏が自害を迫られたとある。これではダメだと公明は漢代に戻り、許氏を死の運命から救ったと思いきや、現代世界の『漢書』ではやはり許氏が自害することになっている。

公明がいくら歴史を改変しようと頑張っても、歴史の方がその都度改変を修復し、許氏に非業の死を遂げさせてしまう。何をどうやっても歴史の流れは変えられないのである。

「歴史は変えられない」というのは、タイムスリップ物でよく見られる展開である。タイムトラベラーが過去の世界で歴史の改変を行うと、未来の世界で深刻な矛盾が生じることがある。この矛盾を「タイム・パラドックス」と呼ぶ。

たとえば、映画『バック・トゥ・ザ・フューチャー』で過去にタイムスリップした主人公が、若いころの自分の母親と出会って好かれてしまい、このままでは彼女が父親と結婚することはなくなり、その父母から産まれるはずの自分も存在を抹消されてしまうのではないかとやきもきすることになるが、そういった類のものである。こういったタイム・パラドックスを解消するために、歴史の流れをもと通りに戻そうとする強い力がはたらくというわけである。

話を『皇后的男人』に戻すと、結局許氏は本来の歴史の流れ通り成帝の命により服毒死を遂げることになる。そして公明の親友でありライバルの王莽《おうもう》も、史実通り皇位を簒奪して前漢王朝を滅亡に追い込み、新《しん》王朝（八年〜二三年）を打ち立てる。本作では若き日の王莽がクールなイケメンとして登場する。しかし史実の王莽は皇帝となった後、性急に改革を進めようとして多大な混乱をもたらし、彼の帝国はわずか十五年ほどで反乱によって滅亡する。

一方、公明の尽力でつかの間を生き延びた許氏は、その間に密かに成帝の子を産み落とす。その子は地方で育てられ、後にとある歴史上の人物として世に現れて、王莽によって引き起こされた乱世を終わらせることになる。公明は歴史の改変には失敗したが、彼の行動は人々に希望の種を残すことにつながったのである。

清朝の皇位継承争い――雍正帝と私

穿越劇というジャンルの代名詞となり得るような近年のヒット作としては、『宮廷女《きゅうていにょ》官《かん》 若曦《じゃくぎ》』がある。二〇一一年放映で、全三十五話構成、第1章で紹介した『三国志 Secret of Three Kingdoms』と同じく唐人影視《とうじんえいし》の制作である。現代の歴史好きの女性、いわゆる「歴女《れきじょ》」が清《しん》朝康熙《こうき》年間（一六六一年〜一七二二年）にタイムスリップし、宮廷で康熙帝の皇子たちと恋仲になるという筋立てである。康熙帝はその子雍正帝《ようせいてい》、更に

図4　『宮廷女官 若曦』

その子の乾隆帝《けんりゅうてい》とともに、清朝（一六一六年～一九一二年）の最盛期を担った皇帝として知られる。

二〇一一年には、もう一本同様の内容のドラマが放映されている。**『宮《きゅう》 パレス～時をかける宮女～』**である。こちらは有名プロデューサー于正《ユィヂョン》の脚本・プロデュース作品で、話数は同じく全三十五話構成である。やはり現代の歴女が清朝康熙年間にタイムスリップし、康熙帝の皇子たちと恋仲になるという内容である。

『若曦』の方はどちらかというとラブコメとしてヒロインと皇子たちとの恋愛描写に力を入れており、宮廷物としての要素の方が強い。やはり二〇一一年に放映された**『宮廷の諍《いさか》い女《め》』**とともに、宮廷物ブームを牽引する作品ともなった。『宮廷の諍い女』の方は『若曦』より少し後の雍正帝の後宮《こうきゅう》を舞台とした作品である。ヒロインのほかにもうひとりタイムトラベラーが登場するなど、タイムスリップ物としては『宮』の方がよく工夫されている。

『宮』については、韓国ドラマに似たようなタイトルの『宮《クン》〜Love in Palace』という作品があるが、そちらとは無関係である。一方、『若曦』の方は、舞台を朝鮮半島に移し替えた『麗《れい》〜花萌ゆる8人の皇子たち〜』というリメイク版が韓国で制作されている。韓国ドラマのリメイクとして制作された『皇后的男人』とは逆のパターンである。

『若曦』と『宮』はともに康熙年間の終盤におこった「九王奪嫡《きゅうおうだっちゃく》」という事件を物語の背景としているが、これに関しては元ネタとなったと思しきドラマがある。一九九九年放映の**『雍正王朝《ようせいおうちょう》』**である。二月河《アルユエホー》の歴史小説『雍正皇帝』を原作としたもので、全四十四話構成、一九九〇年代末から二〇〇〇年代初頭にかけての清朝物ブームを担った作品のひとつである。雍正帝を主人公とするが、物語は雍正帝がまだ康熙帝の皇子であった康熙四十六年（一七〇七年）から始まる。

康熙帝はもともと二阿哥《アーガ》胤礽《いんじょう》を皇太子としていたが、その不行跡から太子の地位を取り上げると、二阿哥と不仲であった大阿哥胤禔《いんてい》、学者肌の三阿哥胤祉《いんし》、後に雍正帝として即位する四阿哥胤禛《いんしん》、賢才の誉れ高い八阿哥胤禩《いんし》、雍正帝の同母弟である十四阿哥胤禵《いんてい》が皇位継承者の地位をめぐって暗闘を繰り広げる。

「阿哥」とは満洲語で貴公子、特に清朝の皇子を指す呼称で、大阿哥は皇帝の長男、二阿哥は次男を指す。彼らに八阿哥派の九阿哥胤禟《いんとう》と十阿哥胤䄉《いんが》、四阿哥派の十三阿哥胤《いん》祥《しょう》を加え、計九人の皇子が皇位継承争いを繰り広げるので、「九王奪嫡」と呼ぶ。もちろん最終的には四阿哥が勝者となって即位するわけである。『雍正王朝』ではドラマの前半部をこの「九王奪嫡」の顛末に費やしている。

『若曦』と『宮』では皇子たちにそれぞれイケメン俳優を配する一方で、彼らの個性を強調し、恋愛物として味付けをしているわけである。両作はいわば『雍正王朝』のパロディとしての性質を持っている。特に『宮』ではヒロインが二月河による原作小説『雍正皇帝』を愛読書としているなど、作中でもそのパロディであることを暗示している。

胤禛、胤禩、胤禵といったように、名前だけでは誰が誰なのかわかりにくいが、これは輩行名《はいこうめい》といって兄弟で名前の付け方を統一しているのである。

日本史でも源平合戦の源氏は義朝《よしとも》、頼朝《よりとも》、義仲《よしなか》、範頼《のりより》、義経《よしつね》など「義」とか「頼」だらけであるし、平氏は忠盛《ただもり》、清盛《きよもり》、重盛《しげもり》、宗盛《むねもり》、敦盛《あつもり》など「盛」だらけであるが、歴史好きなら混乱せずに誰が誰なのか判別できるだろう。これと同じように、慣れれば康熙帝の皇子たちも名前でちゃんと判別できるようになる。また、清朝宮廷物のファンは

「四」(四阿哥)、「八」(八阿哥)、「十四」(十四阿哥)といったように、数字で皇子たちを呼び分けたりもする。

タイムスリップ物は放映できないのか?

ここで、本章冒頭で言及した穿越劇の規制の話となる。『若曦』や『宮』が放映された二〇一一年には既に、穿越劇からは歴史観というものが感じられず、歴史や伝統文化に対する尊重を欠いており、好き勝手に歴史を改変しているといった苦言が、ドラマの検閲・規制などを担う広電総局《こうでんそうきょく》の関係者から発せられている。

広電総局はドラマの検閲や規制に関するニュースで必ず名前が挙がる機関であるが、その業務の管轄範囲や正式名称はここ数年で二度ほど変更されている。二〇二一年現在の正式名称は「国家広播電視総局《こっかこうはでんしそうきょく》」である。

そして二〇一二年には、穿越劇は宮廷物とともにゴールデンタイムでの放映を禁じられる。以後更に穿越劇への風当たりが強まり、テレビで放映しにくい環境となっていく。実際、これ以後穿越劇への規制を示すかのように、原作小説はタイムスリップ物であったのに、それがドラマ化されるとタイムスリップという設定をなかったことにして、完全な時代劇に改変してしまう事例が目立つようになる。

たとえば二〇一六年放映の『秀麗伝《しゅうれいでん》～美しき賢后と帝の紡ぐ愛～』。この作品は光武《こうぶ》帝《てい》による後漢王朝（二五年～二二〇年）の創業を題材にしたものであり、原作のネット小説『秀麗江山《しゅうれいこうざん》』では現代の女性が光武帝の時代にタイムスリップしてその愛妻陰麗《いんれい》華《か》に転生するという設定だったのが、ドラマ版ではその設定がなかったことにされてしまっている。陰麗華は実在の人物で、光武帝が若いころに「仕宦《しかん》すれば当《まさ》に執金吾《しっきんご》と作《な》るべし、妻を娶《めと》らば当《まさ》に陰麗華を得《う》べし」という言葉を残したことで知られる。

中国ではドラマを放映・配信する前に広電総局の検閲を受ける必要がある。原作の設定のままでは検閲を通らないと制作側が判断したということであろう。

もうひとつ例を挙げる。二〇一七年放映の『楚喬伝《そきょうでん》～いばらに咲く花～』は、原作のネット小説ではそのタイトルが『11処特工皇妃《しょとっこうこうひ》』であることから察せられるように、ヒロインは現代の軍の特殊工作員であったのが、架空世界に転生するという設定であった。これがドラマ化されると、舞台が南北朝時代に実在した王朝である西魏《せいぎ》（五三五年～五五六年）に移され、やはりタイムスリップの設定がなかったことにされている。

しかし一方で、前文で取り上げた『皇后的男人』が二〇一五年に放映され、『尋秦記』のリメイクが二〇一八年に配信されていることからわかるように、穿越劇は二〇一二年以後、現在に至るまで制作され続けている。

たとえば同じく二〇一五年配信の『**太子妃狂想曲**《たいしひラプソディ》』は、現代のプレイボーイの青年が架空の王朝の太子妃として転生するという内容である（このドラマについては第5章で詳しく紹介する）。二〇一八年配信の『**大唐見聞録**《だいとうけんぶんろく》　**皇国への使者**』は、現代の考古発掘隊員の青年が唐の時代（六一八年〜九〇七年）にタイムスリップするというもので、唐の第二代皇帝李世民《りせいみん》など実在の人物も多く登場する。

種明かしをすると、『太子妃狂想曲』や『大唐見聞録』はテレビ放映されず、ウェブドラマとして配信されたものである。騰訊《トンシュン》（テンセント）や優酷《ヨウク》（YOUKU）といった動画配信サイトでのみ放映される場合は、一般的にテレビ放映されるものより検閲が緩くなる。だから穿越劇の配信も可能となる。そして中国人、特に若者は早くからドラマのネット配信に馴染んできたので、ウェブドラマだからといって注目度が極端に下がるかというと、そういうわけでもない。

かつ、『皇后的男人』がテレビで放映されたように、テレビ放映も困難ではあるが、百パーセント不可能というわけではない。

図５　『慶余年』

最近では二〇一九年年末に異世界転生物の『慶余年《けいよねん》』（原題）がテレビ放映されて話題となった。難病で亡くなった現代人の青年が架空の中華世界に転生して赤ん坊から人生をやり直すという筋立てで、やはりネット小説が原作となっている。原作者猫膩《マオニー》は日本のライトノベルに近い作風である。

『慶余年』の原作の方は純粋な異世界転生物ということだが、ドラマの方では改変を施し、現代の大学生が自作の小説の内容を大学教授に語って聞かせるという体裁を取って、これはあくまでフィクションであるということを作中の描写としても明確にしたり、主人公が実は現代世界から異世界へと転生してきたわけではなく……と、設定上色々工夫を施したりして、「これは穿越劇ではない」という言い訳が効くようにしてある。

本作がテレビ放映できた理由としては、単純に作品のクオリティが評価されたからであるとか、様々な理由が推測されているが、こういった工夫も検閲上功を奏したのであろう。日本人だと、政府機関からタイムスリップ物の放映は難しいと言われると諦めてしまいそうだが、中国人はそこから粘るのである。

なお、『慶余年』は、主人公が遠くに離れて暮らす妹のために書いて送ってやった『紅楼夢』が外部に流出してベストセラーになったり、主人公が宮廷の宴席で唐詩宋詞《とうしそうし》など思いつく限りの古今の名詩を暗誦して当代随一の文人としての名声をほしいままにしたりと、現代の知識を生かして喝采を浴びるというタイムスリップ物でお馴染みの趣向が盛り込まれている。しかし『神話』や『宮』などと比べると、どこか人を食ったような雰囲気が作品全体に漂っており、タイムスリップ物というジャンル自体をおちょくっているかのようである。

歴史を動かす「天意」

穿越劇の規制が始まった二〇一二年以後の作品で、意欲的、挑戦的な作品を二点取り上げておきたい。まずひとつめは、二〇一八年に優酷オリジナルドラマとして配信された『**天意**《てんい》』（原題）である。全四十六話構成で、これにプラスして全九話構成の番外編『**天意　超能篇**』がある。やはりネット小説が原作である。

図6　『天意』

物語は秦の時代から始まる。始皇帝は淮陰《わいいん》の地から差し出されてきた美少女の季姜《ききょう》を我が物にしようとするが、彼女は幼馴染みの韓信《かんしん》以外には嫁ぐ気はないと宮中で抵抗のすえに自害。始皇帝は彼女を皇妃の待遇で自らの陵墓に陪葬させることにする。韓信は「股くぐり」や「背水の陣」の故事で有名な人物で、蕭何《しょうか》、張良《ちょうりょう》とともに「漢の三傑」として劉邦の漢王朝創業を支えたことで知られる。

舞台が変わって現代の上海。ヒロインである売れない女性SF作家の銭小芳《チエンシアオファン》は、歩きスマホの最中に車にはねられたと思ったら、秦の時代の季姜として転生していた。山賊の一味として墓泥棒をしていた蕭何に助けられ、本作の主役である韓信とも出会うことになる。小芳は韓信や蕭何のほか、張良・項羽・虞姫《ぐき》といった楚漢戦争の英傑たちと行動をともにすることになり……。

と、ここまでならよくあるタイムスリップ物のようにも見えるが、ここから更に異星人という要素が加わってくる。実は小芳が転生した世界では、太古の昔に地球に飛来して不時着した地球外生命体女羲《じょぎ》が「神」として君臨し、人類の歴史を影から操っていたのである。彼女は故郷の惑星に帰るために、自らの乗り物を修復する力を持つ英雄を捜し求めている。彼女の忠実な下僕である滄海客《そうかいかく》は、「神の使者」として英雄の資質を持つ人物と接触し、「天意」をちらつかせ、彼らに大いなる力を与えてきたのであった。始皇帝や韓信・張良・項羽・劉邦といった面々は、女羲を助ける英雄候補ということになる。

女羲は自らの目的を達成するためには、人類の文明発達に過度に干渉して歴史を改変することなど何とも思っていない。女羲の設定は、藤崎竜によるコミック『封神演義』の女媧《じょか》の設定に影響を受けたものかもしれない。同作でも女媧は異星人であり、人類の歴史を操る存在であるという設定になっている。女羲のネーミングは女媧及び、やはり藤崎版『封神演義』にも登場する伏羲《ふっき》に由来しているのだろう。

史実では地方の小役人のはずの蕭何がなぜか山賊の一味になっていたり、山で新大陸原産のはずの唐辛子が採れたりするのも、女羲の力で歴史が改変された結果によるもののようである（作中で小芳自身がこうしたことを不審がっている）。中世ヨーロッパ風の世界を舞台とした歴史物やファンタジー物で、ジャガイモやトマトなど新大陸産の作物が存在することを厳しく批判するような人のことを、ネット用語で「ジャガイモ警察」と呼ぶが、唐辛子の描写は彼らをおちょくっているかのようである。

本作はSF物と歴史物の両方の要素があるが、歴史考証のスタッフを置かず、科幻《カーファン》文学顧問（SF文学顧問）というスタッフを設けて、著名なSF作家で大学教授の呉岩《ウーイエン》を招聘している。SF的な要素にこだわる一方で、「確信犯」で唐辛子を登場させたりと、歴史ファンをいらつかせるような描写に満ちている。

また女羲だけでなくヒロインの小芳の方も、歴史への干渉ということについては無頓着である。彼女は韓信・蕭何・張良の三人に対してことあるごとに「あなたたちは将来漢の三傑として活躍することになる」ということを強調する。実際に歴史の流れ通りにそうなるわけであるが、これは予言を受けた者がそれを信じて行動することにより、結果として予言が実現してしまうという、「予言の自己成就」と言っていいものではないかと思う。

この小芳と女羲・滄海客が、互いの存在を何となく察知しつつも、接触のすべがないので互いに不審に思っているのがおもしろいところである。

もっとも、本作の制作者が虚仮《こけ》にしたいのは歴史ファンではなく、もっと別の何かなのかもしれない。本作のタイトルの「天意」とは、「神」である女羲の意志であるということになっているが、本作、あるいは本作も含めた中国の歴史物にとって、「神」も「天意」も別に存在するのではないだろうか。

「天」と言えば、中国では政府のことを揶揄的に「天朝《ティエンチャオ》」と呼ぶことがある。また上官や上役を指す言葉として「上峰《シャンフォン》」というのもある。「神」は天上や高い山の峰に住んでいるというイメージなのであろう。中国の時代劇にとっての「神」や「上峰」は前述の広電総局、あるいは政府そのものを指し、「天意」とはそれらの意志や通達、具体的には諸々の規制や検閲を指すということになるであろう。

ここまでくると、本作は意欲的、挑戦的というよりも、「挑発的」という表現がふさわしいように思える。

番外編の『天意　超能篇』についても触れておこう。その第二話では、本編より以前の出来事である荊軻による秦王政（後の始皇帝）暗殺未遂事件を扱っている。荊軻の秦王暗殺は本来なら成功するはずであったが、滄海客（ただし秦王に対しては東海君《とうかいくん》と別名を名乗っている）の力によって阻止されたということになっている。すなわち史実とされる出来事が、実は滄海客による歴史改変の結果であったということになるわけである。歴史は「天意」によって動かされるという、本作の歴史に対するスタンスを示す意味深長なエピソードとなっている。

世界は変えられる

歴史は本当に変えられないのだろうか？　歴史を動かすことができるのは「神」しかいないのだろうか？　そうした疑問に答えてくれるのが、二〇二〇年配信の『**花の都に虎《とら》われて～The Romance of Tiger and Rose～**』である。騰訊オリジナルドラマで、全二十四話構成である。

内容は現代の女性が架空の中華世界に飛ばされるという異世界転生物であるが、主人公がドラマの新人女性脚本家で、転生先が、彼女が脚本を書いているドラマの中の世界というのが特異な点である。主人公は異世界で起こったこと、これから起こることを何でも知っている「神」の立場にあるわけである。

彼女が飛ばされたのは、女性優位の国である花垣城《かえんじょう》。城主以下、将軍、官吏など、社会の上層を女性が占める国である。男性は女性をサポートする存在にすぎず、侍女のかわりを務めたり、花魁《おいらん》もなよなよとした美男がなるものとされている。よしながふみのコミックで、ドラマ化・映画化もされた男女逆転の『大奥』を思わせる設定である。『大奥』では女性が江戸幕府の将軍となり、男性を大奥に囲って寵愛している。

この花垣城は、隣国の男性優位の玄虎城《げんこじょう》とは長年対立関係にある。こうした設定から察せられるように、本作はジェンダー物としての要素も濃厚である。

そして主人公が転生したのは、ドラマのヒロインではなく、その妹の陳芊芊《ちんせんせん》である。花垣城の女城主の三女にあたるが、本来はドラマの第三話で毒殺されるはずであった。

図７　『花の都に虎われて』

この毒殺を回避して無事に生き延びてしまったことから、登場人物たちの運命が大きく変わることになる。本来ドラマのヒロインであったはずの、芊芊の姉楚楚《そそ》が脇役に追いやられ、この楚楚と恋愛関係になるはずだった玄虎城の若様韓爍《かんしゃく》は、芊芊と相思相愛の仲となる。

ドラマの脚本では、韓爍は実は花垣城

占領の密命を帯びており、楚楚と婚約するも、城主を爆殺して楚楚と不倶戴天の敵となり、最後は非業の死を遂げることになる。ところが芊芊との交流を重ねることで、韓爍は改心して密命の遂行を放棄する。

芊芊も韓爍と添い遂げる道を選び、これでめでたしめでたしとなるかに見えたが、ここでも『皇后的男人』と同じ問題が降りかかる。異世界でもやはりタイム・パラドックスを修復しようとする力がはたらいてしまい、歴史を変えられないのである。一旦は変わったかに見えた歴史は、シナリオに定められている路線へと軌道修正しようとする。

芊芊は周囲の人々がシナリオ通りに死んでいくのを見て、韓爍の死も避けられないと悲観的になる。しかしそうやって死んだはずの友人が実は生き延びていたことを知ると、歴史は変えられるのだと確信し、勇気づけられる。そして異世界に暮らす人々は「神」である脚本家の手駒ではなく、自分の意志を持って生きていることを実感するのである。韓爍を死の運命から救おうと奮闘したすえに現実世界に戻った彼女は、ドラマの結末をよりよいものに書き換える。

終盤で、自分たちの世界が実は芊芊によって作られたものであると知った韓爍は、「君の世界も誰か脚本家が創造したものかもしれないね」という意味深長な言葉を投げかける。しかし現実の世界でも、我々は「神」である脚本家の手駒などではなく、ひとりひとり自分の意志を持って生きている。我々の行動次第では、「天意」を覆《くつがえ》して世界をよりよい方向へと変えられるのではないか。本作からはそうしたメッセージを感じさせられる。

第4章　異民族？　自民族？

時代劇の中の「異民族」は、漢族とともに現代中国人の祖先と見れば「自民族」となる。一方で漢族に仇なすスリーパー・セル（潜伏工作員）と位置づけられることもある。そうした「異民族」への複雑な感情を読み解いていこう。

「中華民族」の祖先たち

中国の少数民族、特にウイグル族とチベット族に関しては、中国政府が弾圧を行っていると告発する痛ましい報道が日々伝わってくる。反中派の人士に言わせれば、中国政府は少数民族の漢族への同化政策を推進しているのだということであるが、時代劇の中の少数民族、すなわち漢人《かんじん》以外の「異民族」の描写はどうなっているのだろうか。

漢代の遊牧勢力匈奴《きょうど》、隋唐時代の突厥《とっくつ》、宋の時代の契丹《きったん》（遼《りょう》）、女真《じょしん》（金《きん》）など、時代劇の中の「異民族」は、しばしば漢王朝など漢人の国家に対する強大な敵として描かれる。

劉邦の建てた前漢王朝（前二〇六年〜後八年）は、建国当初から匈奴の侵攻に悩まされてきた。劉邦が匈奴の大軍に包囲され、命からがら逃げ延びた白登山《はくとうざん》の戦い（前二〇〇年）のことは広く知られている。これ以後漢は匈奴に対して劣勢を強いられ、その機嫌をとるために皇女を単于《ぜんう》（匈奴の君主）の夫人として差し出したり（これを和蕃公主《わばんこうしゅ》と呼ぶ。公主は皇帝の娘のこと）、定期的に貢ぎ物を献上したりと、屈辱的な対応を迫られる。

匈奴を戦争で打ち破り、力関係を逆転させたのが、前漢第七代の武帝《ぶてい》である。武帝の生涯を描いたドラマとしては、二〇〇五年放映、全五十八話構成の『**漢武大帝**《かんぶたいてい》』がある。『**雍正王朝**《ようせいおうちょう》』を制作した女性監督胡玫《フーメイ》の作品で、第1章で触れた歴史解説番組『**百家講壇**《ひゃっかこうだん》』とともに、二〇〇〇年代中盤に中国で国学《こくがく》ブームを巻き起こすきっかけとなった作品である。「国学」というのは、中国の歴史や伝統文化・思想を研究する学問のことで、漢学《かんがく》、中国学とも呼ばれる。

この作品でも漢と匈奴との戦いが主要なテーマのひとつとなっており、対匈奴同盟を結ぶために西域の大月氏国《だいげっしこく》に赴いた張騫《ちょうけん》、匈奴との戦いで活躍した李広《りこう》（中島敦の小説で知られる李陵《りりょう》の祖父にあたる）、衛青《えいせい》、霍去病《かくきょへい》といった武将たちが主要登場人物として活躍する。

この作品のラストシーンでは、ナレーションによって、武帝の死後に匈奴が南北二勢力に分裂し、北匈奴はヨーロッパへと渡り、南匈奴は黄河を渡って漢に帰順したこと、そして漢の後の魏晋南北朝《ぎしんなんぼくちょう》時代（二二〇年〜五八九年）に漢人や鮮卑《せんぴ》など他の民族と融合することで匈奴は最終的に消滅したという事情が語られる。

図1　『漢武大帝』

ただし漢の皇女が匈奴の単于の夫人となったということで、匈奴の王族の中に漢の皇室の氏姓である劉氏を称した者がおり、現在でも劉氏の一部が匈奴の子孫の可能性があるとし、そして呼延《こえん》、慕容《ぼよう》といった姓は匈奴、あるいは匈奴の一部が服属した鮮卑の王族の氏姓であり、後の時代にその氏姓を称する者は匈奴の末裔であるとする。

両方とも見慣れない氏姓かもしれないが、呼延氏に関しては、宋の建国の功臣に呼延《こえん》賛《さん》という人物がいる。『水滸伝』に登場する好漢の呼延灼《こえんしゃく》はその子孫という設定である（ただし呼延灼の方は架空の人物である）。そしてナレーションは、「中華民族《ちゅうかみんぞく》の血脈の中にも匈奴の血液が溶け込んでいる」という言葉で締めくくられる。

ここで出てくる「中華民族」というのは、現在の漢族及び中国の五十五の少数民族の総称であるとともに、その上位概念である。中国の人口の九割以上を占める漢族は、「中華民族」の核心部分ではあるが、チベット族やウイグル族など他の民族の上に立つ存在ではなく、あくまで同列であるとされる。

そして「中華民族」は新石器時代から数千年の時間をかけて歴史的に形成されてきたものであり、多元的な諸民族が一体化したものであるとされる。漢族、チベット族、ウイグル族など現在まで残る民族だけでなく、匈奴や鮮卑、契丹など、既に滅びてしまった民族も、漢族やその他の民族と同化することで、「中華民族」の源流、あるいは祖先となったとされるのである。この「中華民族多元一体構造」は、民族政策に関する中国政府の公式理論となっている。

こうした歴史認識によるならば、漢王朝を建てた漢人だけでなく、漢王朝と敵対した匈奴もやはり中国人の祖先であるということになるわけである。となると匈奴を「異民族」と呼ぶのは問題かもしれない。「中華民族」にとっては「自民族」だからである。

草原を駆ける王昭君

匈奴は漢の時代にあっては敵対する勢力であり「異民族」であったが、現代的な視点では「自民族」である。こうした見方は、やはり匈奴が関係する王昭君《おうしょうくん》のドラマにも影響を与えている。

王昭君は、春秋時代の呉王夫差《ふさ》の寵姫となった西施《せいし》、三国志の呂布《りょふ》の恋人となった貂蟬《ちょうせん》、唐の玄宗《げんそう》に寵愛された楊貴妃《ようきひ》とともに、中国四大美女のひとりとされる。

王昭君はもともと前漢第十代元帝《げんてい》に仕える宮女であった。その元帝が、和蕃公主のかわりとして、宮女の中から匈奴の単于に差し出す女性を選ぶことになり、絵師に宮女たちの似顔絵を描かせた。美人は手元に留め置いて醜い女を差し出そうというのである。その時に王昭君は絵師に賄賂を贈らなかったので、似顔絵をわざと醜く描かれてしまう。

図2　『王妃　王昭君』

元帝は似顔絵を見て王昭君を送り出すことにするが、実際に彼女と対面すると大変な美人であったので後悔したという話である。

王昭君の物語は元曲《げんきょく》の『漢宮秋《かんきゅうしゅう》』などの題材となっている。心ならずも匈奴に嫁がされることになったということで、悲劇とされる。史実の王昭君は単于に嫁いで子どもも産むのであるが、『漢宮秋』では悲劇性を高めるため、匈奴へと嫁いでいく途中で彼女が自害したという話に変えられている。

王昭君の物語を描いたドラマはいくつか存在するが、**『王妃　王昭君』**の場合は悲劇としては描かれていない。二〇〇七年の放映で全三十一話構成、**『則天武《そくてんぶ》后《こう》』『康熙《こうき》王朝《おうちょう》』**などの作品で歴史ドラマの名手として知られる陳家林《チェンヂアリン》の監督作品である。

人気女優の楊冪《ヤンミー》演じる王昭君は悲劇のヒロインではない。明るく活発な性格で、日本の朝ドラのヒロインに近い性格である。彼女はすべて納得のうえで匈奴に嫁ぐことを快諾し、嫁入り前に積極的に匈奴の言葉や風習を勉強する。

そしていよいよ嫁入りとなり、匈奴の地に到着して草原や湖を目にすると、嬉しさのあまり馬車から駆け下り、青空のもと両手を広げて走り出し、歓声を上げるのである。「匈奴は自民族」という発想からすると、王昭君の物語は悲劇であってはならず、彼女は平和と友好の使者でなければならないのである。

中国式ポリティカル・コレクトネス

政府の少数民族政策とは別に、二十一世紀に入ったころから作家の側からも少数民族の描写に対する自省の動きが生じるようになった。

台湾、香港も含めて中華圏の時代劇では、チベット仏教を信仰するラマ僧が悪役を割り当てられることがあった。たとえば香港の武俠小説家金庸《ヂンヨン》の『神雕俠侶《しんちょうきょうりょ》』は、モンゴル帝国による南宋《なんそう》（一一二七年～一二七六年）への侵攻を時代背景としており、モンゴル帝国配下の悪役として金輪法王《きんりんほうおう》というラマ僧が登場する。

大元《だいげん》（一二七一年～一三六八年）の初代クビライがパスパ文字で知られるパスパを重

図３　金輪国師（『神雕俠侶〜天翔ける愛〜』より）

用するなど、モンゴルではチベット仏教とラマ僧が尊崇されたことが知られている。「法王」という号も、現代のダライ・ラマ十四世が法王と称されるように、チベット仏教の指導者に対して用いられる呼称である。

しかし読者より「ラマ僧を悪役にするのは、チベット仏教に偏見があるからではないか」という指摘を受けると、金庸は二〇〇三年に同作品の改訂版を出版した際に、仏教徒としてチベット仏教を蔑視していると見られるのは本意ではないということで、金輪法王を「金輪国師《きんりんこくし》」という名前に改めた。「国師」というのは帝王の師として宗教者に与えられた称号で、中国時代劇ではしばしば軍中の「軍師」と対になる存在とされる。特定の民族や宗教を連想させる「法王」よりはニュートラルな呼称ということになるようだ。

金庸の作品は香港だけでなく中国や台湾、東南アジアでも多くの愛読者を獲得し、各国で各作品の映画版やドラマ版が制作されている。『神雕俠侶』も中華圏や東南アジアで何度もドラマ化されているが、改訂版発行後に中国で制作されたもの、二〇〇六年放映の張紀中《ヂャンヂーヂョン》プロデュース版『**神雕俠侶**』（張紀中はドラマ『**三国志**』『**水滸伝**』の制作に携わったことで知られる）、そして二〇一四年放映・配信の于正《ユィヂョン》脚本・プロデュース版『**神雕俠侶〜天翔ける愛〜**』では、いずれも「金輪国師」の名称となっている。

なお、岡崎由美・松田京子による日本語の翻訳『神雕剣俠《しんちょうけんきょう》』は、改訂版発行以前に翻訳・出版され、一九七六年の版に基づいているので「金輪法王」の名称のままである。

こうした措置は、民族や宗教に対する差別を防ぐために、政治的に公正・中立な表現を模索するということで、一種のポリティカル・コレクトネス（ポリコレ、ＰＣ）と位置づけることができる。ポリコレは欧米諸国の専売特許というわけではなく、中国には中国なりのポリコレが存在するのである。

この種のポリコレは金庸作品以外にも広く見られる。たとえば高句麗《こうくり》（前一世紀頃〜六六八年）と、日本との交流でも知られる渤海国《ぼっかいこく》（六九八年〜九二六年）については、その領土が現在の中国東北部と北朝鮮に跨がっているということで、その帰属をめぐって中国、韓国、北朝鮮との間で論争が行われている。この両国が歴史上中国の地方政権であったのか、朝鮮半島の地方国家であったのかで論争となっているのである。

二〇〇〇年代後半以降、時代劇でこれらの国々を登場させる必要がある際には、「渤《ぼっ》遼国《りょうこく》」など架空の国名に置き換えるという措置がとられるようになっている。時代劇を通じてこれらの国家が中国の地方政権であったという、国家の歴史認識に沿った主張を行うのではなく、なるべく触れない、臭い物に蓋をするという事なかれ主義の対応をとったのである。ドラマは政府機関が作っているのではなく、何か問題がおこったら責任を問われる立場の民間の制作会社が作っているからである。

敬遠される岳飛

こうしたポリコレが求められる状況では、漢人の英雄が「異民族」の侵略に抵抗するという、漢族の民族主義を鼓舞して少数民族への反感を煽るような話、たとえば女真族の建てた金による侵略に徹底抗戦した南宋の武将岳飛《がくひ》の物語については、ドラマ化に及び腰となる。

岳飛は漢族の民族的英雄とされる一方で、彼を主役として取り上げたドラマは意外に少ない。近年では『**岳飛伝―THE LAST HERO―**』が唯一の作品である。二〇一三年放映・配信、全六十九話構成、有名俳優の黄暁明《ホアンシアオミン》が岳飛を演じている（彼はまた前項で取り上げた張紀中版の『神雕俠侶』でも主演を務めている）。

この作品では岳飛と敵対する金の武将たちは完全な悪役としては描かれていない。金の皇族の粘罕《ネメガ》（粘没喝）こそステレオタイプな悪役となっているものの、戦場での岳飛の好敵手となる金の四太子（金の初代完顔阿骨打《ワンヤンアグダ》の四男）兀朮《ウジュ》は、朴訥な武人、敵ながらリスペクトできる人物として描かれている。兀朮には韓国の俳優ユ・スンジュンがキャスティングされている。

図４　『岳飛伝』

兀朮の次兄にあたる二太子斡離不《オリブ》は、南宋への主戦派である粘罕と兀朮に対して、和平派として描かれている。彼は金の宮廷にあっては非主流派で立場が弱い。そこで彼は金の捕虜となっていた南宋の秦檜《しんかい》を帰国させる。そして秦檜に南宋宮廷で和平派の勢力を形成させ、二人で協力して金が華北、宋が華南を分け合うという形での和平を実現させようとする。岳飛を無実の罪に陥れて獄死させたということで、従来金の手先、売国奴とされてきた秦檜だが、このドラマでは少なくとも単純な悪役としては描かれていない。

そして匈奴と同じく金を建てた女真族も、現代中国にとっては「自民族」である。岳飛の話を単純明快な英雄物語として描くことはできないのである。だからその金との和平を主導した秦檜の評価も当然単純なものではなくなっていく。

北宋の時代を舞台にした楊家将《ようかしょう》のドラマにもこうした工夫が見て取れる。楊家将は北宋に仕えて遼や西夏《せいか》との戦いに従事した楊一家の数世代にわたる物語である。古典小説としては『北宋志伝《ほくそうしでん》』と『楊家府演義《ようかふえんぎ》』があり、京劇、映画、ドラマなどの題材となっている。日本では北方謙三が小説『楊家将』を書いているが、こちらは題材を借りただけのほとんど別物である。『北宋志伝』の方は、岡崎由美・松浦智子により『完訳楊家将演義』の題で翻訳が出ている。

楊家将は岳飛と違って多くのドラマ作品が制作されており、山西電視台《さんせいでんしだい》制作、一九九一年放映、全三十二話構成の『**楊家将**』が古典的な名作とされている。日本語版のＤＶＤが出ているほか、『三国志』と同様に一九九〇年代にＮＨＫのＢＳ２で放映された。

楊家将と遼との戦いに重点を置いた構成で、楊家は一家の主の楊業《ようぎょう》が遼との戦いの中で非業の死を遂げた後は、その妻の佘賽花《しゃさいか》が家長となる。一方の遼の方も、皇帝ではなくその母の蕭太后《しょうたいごう》が実権を握っている。

原典の古典小説では、遼が楊家に敗北すると、蕭太后は首をくくって自害してしまうが、ドラマの方では北宋の皇帝の名代となった佘賽花と和平を結び、お互いに打ち解けあう。「自民族」同士一時は敵対しあっても、最終的には和解し、友好的な関係となることが求められるのである。

中華版『モンテ・クリスト伯』のスリーパー・セル

「異民族」は、『琅琊榜《ろうやぼう》』シリーズのような架空歴史物にも登場する。一作目の『**琅琊榜～麒麟の才子、風雲起こす～**』は、このジャンルの金字塔とも言うべき大ヒット作である。近年のヒット作の御多分に漏れず、この作品もネット小説を原作としたもので、原作者の海宴《ハイイエン》自身が脚本を担当している。全五十四話構成で、制作は丁寧な作品作りに定評のある東陽正午陽光影視《とうようせいごようこうえいし》である。二〇一五年に配信・放映されるや、シナリオもさることながら、主演の胡歌《フーガ》と王凱《ワンカイ》、ヒロインの劉濤《リウタオ》といった俳優陣の演技、対称美を意識した構図など映像面でのこだわりも高く評価された。

物語は梁《りょう》国を舞台としている。この梁というのは実在する南北朝時代の南朝に属する梁（五〇二年～五五七年）がモデルのひとつとなっており、ともに皇室の氏姓が蕭《しょう》氏であるなど共通点もあるが、基本的には架空の王朝である。その梁国の重臣の子弟でありながら謀反を疑われて一族郎党が誅殺され、ひとり生き残った主人公梅長蘇《ばいちょうそ》が、顔かたちを変えて梁国に舞い戻り、復讐と一族の名誉回復を果たそうとするという、中華版『モンテ・クリスト伯』の趣がある作品である。

図５　『琅琊榜』

その主人公に敵対する存在として、滑《かつ》族という民族が登場する。滑族はかつて梁国、直接的には主人公の一族によって攻め滅ぼされた「異民族」である。滅亡後は少数の生き残りが梁国に潜伏し、互いに連絡を取り合いつつ復讐の機会を狙っている。物語の後半では、主人公の身の回りにいる意外な人物も滑族であったことが判明する。

正史二十四史のひとつで南朝梁の歴史をまとめた『梁書《りょうしょ》』によると、「車師《しゃし》の別種」、すなわち西域の都市国家である車師国の別種として滑国という国があり、南朝の梁に使者を派遣して貢ぎ物をしたことが見える。ここから名前を借りたものであろう。

ここまで取り上げた話とは異なり、彼らは自分たちの国家ではなく漢人の国家の内部で漢人に紛れて暮らす少数者であり、現代の国家の少数民族と同様の存在である。その一方で自分たちが現在暮らしている国家や人々に仇なそうとしているということで、彼らのあり方は、ひと頃ネットで喧伝された「スリーパー・セル」という言葉を連想させる。

「スリーパー・セル」というのは、ネット上の新語辞典の解説によると（ここでは weblio 辞書の『新語時事用語辞典』を参照した）、英語で「潜伏工作員」の意味で用いられる言葉である。平時は一般市民に紛れて生活し、有事には所属する国家機関や組織から指令を受け、破壊工作やテロ行為などによって敵国を内部から攪乱する役目を担うとされる。ある国際政治学者が日本にもスリーパー・セルが潜伏しているという風説（あるいは悪質なデマと言い切った方がよいかもしれない）を流したことで話題になった。

『琅琊榜』に登場する滑族は、この「スリーパー・セル」の定義に合致しそうである。そして本作の五十年後を舞台とした続編『**琅琊榜〈弐〉~風雲来《きた》る長林軍《ちょうりんぐん》~**』でもやはり「スリーパー・セル」と位置づけられそうな集団が登場する。

こちらの放映・配信は二〇一七年で、全五十話構成である。梁の皇族長林王《ちょうりんおう》の一家を中心とする物語で、長林王の次男蕭平旌《しょうへいせい》が主人公である。前作の主人公が復讐者として相手を追い詰める立場だったのに対し、今作は逆に主人公と長林王一家が復讐者に追い詰められる側となる。

本作で「スリーパー・セル」の役回りを担うのは、疫病によって滅亡した夜秦《やしん》国の生き残りによって組織される夜凌子《やりょうし》という集団である。彼らは故国で疫病が蔓延したのは梁国と、夜秦国の都の封鎖を担った長林王の陰謀であると信じ込み、故国滅亡後はやはり梁国に潜伏して復讐の機会を狙っている。そして梁国で井戸に毒を散布して疫病を蔓延させるなどの活動を行う。やはり主人公の身の回りにいる意外な人物が夜凌子の一員であり、主人公を襲って瀕死の重傷に追い込むのである。

疫病の蔓延による都市の封鎖というと、新型コロナウイルスの流行による武漢《ぶかん》などの封鎖を連想させるが、本作の制作はそれより以前である。

一作目の滑族については、ややコミカルというか彼らを半分笑い物にするかのような描写が見受けられ、人によっては不快感を抱くかもしれない。しかし二作目の夜凌子についてはは悲劇的な描写となっており、悪役でありながら彼らに同情心を抱かせるものとなっている。

中国時代劇版『24』

「スリーパー・セル」と位置づけられそうな人々は、現実の歴史を舞台とした作品にも多く登場している。

たとえば二〇一九年に優酷《ヨウク》（YOUKU）で配信され、高い評価を得た『**長安二十四時**』。唐（六一八年〜九〇七年）の最盛期である玄宗《げんそう》の時代の長安を舞台にした作品で、全四十八話構成、馬伯庸《マーボーヨン》の小説『長安十二時辰』（ドラマ版の原題でもある）を原作としている。馬伯庸は第1章で取り上げた『**三国志 Secret of Three Kingdoms**』の原作者でもある。日本ではWOWOWで放映され、話題となった。

本作は上元節《じょうげんせつ》の前日から当日にかけての二十四時間に長安を襲ったテロ事件を描いた、中国時代劇版『24―TWENTY FOUR―』とも言える作品である。上元節は旧暦一

図６　『長安二十四時』

月十五日に行われた祭りであり、元宵節《げんしょうせつ》とも呼ばれる。街中にランタン（中国式の提灯）が飾り付けられ、夜通し盛大に祭りが行われる。唐代には祭りに合わせて各坊（区画）の城門が解放され、普段は禁止されている夜間の外出も認められた。そこを狙ってテロ事件が起こるわけである。

ただ、このテロ事件が架空のものであるのを気にしてか、時代設定に「天保三載《てんぽうさんさい》」という架空の年号を用いている。これは実在の年号である「天宝《てんぽう》」をもじったもので、「載」は年の意である。天宝三載は西暦七四四年にあたる。また李泌《りひつ》を李必《りひつ》、重臣の李林甫《りりんぽ》を林《りん》九郎《くろう》、玄宗側近の宦官高力士《ガオリーシ》を郭利仕《グオリーシ》、楊玉環《ヤンユィファン》（楊貴妃）を厳羽幻《イエンユィファン》といった具合に、実在の人物の名前を改めている。

ドラマの内容は、長安の治安維持を担う靖安司《せいあんし》（これも架空の機関である）の若き指揮官李必が殺人罪で投獄されていた元不良帥《ふりょうすい》（不良人、日本で言う岡っ引きのリーダー）

の張小敬《ちょうしょうけい》とともにテロを阻止するために奮闘するというものである。

主役となる張小敬を演じるのは実力派俳優の雷佳音《レイヂアイン》。李必役の易烊千璽《イーヤンチエンシー》はアイドルグループTFBOYSのメンバーで、こちらも好演を評価された。

張小敬は姚汝能《ようじょのう》の雑記『安禄山事蹟《あんろくざんじせき》』に見える人物であるが、この書の内容と本作とはあまり関係がない。なお、姚汝能も本作で主要人物として登場する。李必（李泌）の方は玄宗・粛宗《しゅくそう》（本作では太子時代の粛宗が登場する）・代宗《だいそう》・徳宗《とくそう》の四代に仕えた人物で、本作ではその青年時代の姿が描かれる。

国際都市長安の闇

本作でテロの引き金を引くのは、遊牧勢力突厥《とっくつ》の一部隊狼衛《ろうえい》である。彼らの故郷は大食《タージー》（アラブ）によって攻め滅ぼされた。彼らはその際に唐に救援を求めたが、唐は応じなかった。それを怨んだ彼らは隊商に扮して長安に潜入し、西域から火薬と石油を持ち込んで長安中を火の海にしようとしているという設定である。

やはり「異民族」にスリーパー・セルの役割を負わせているわけだが、本作の場合はこれだけでは終わらない。狼衛には国家に不満を持つ多くの唐人が協力しているのである。

その中に、張小敬が妹のようにかわいがっている聞染《ぶんせん》という少女がいる。張小敬はかつて塞外（万里の長城の外）に出征していたことがあるのだが、彼女はその時の戦友聞《ぶん》無忌《むき》の娘である。聞無忌は兵役を終えて長安に帰還した後、娘と細々と商売をしていたが、その店舗が玄宗の子永王《えいおう》の意志により立ち退きを迫られる。立ち退きを拒絶した聞無忌は永王の手下のヤクザ者に殺害されてしまう。張小敬は彼の仇を取ろうと関係者を殺害し、投獄されることとなったのである。

以来聞染は父を死に追いやり、張小敬を罪人とした唐王朝、そして長安という街そのものに強い憎しみを持つようになり、龍波《りゅうは》という青年に誘われてテロ行為に協力するようになる。自分が住む国に憎悪を抱き、テロリストに加担しようとする彼女の姿は、欧米諸国でいわゆる「イスラム国」のシンパとなる若者たちの姿とも重なる。龍波青年が狼衛のテロ行為をお膳立てした人物ということになる。

だが、その龍波も実は張小敬のかつての戦友であったことが、物語の終盤になって明かされる。結局は、狼衛は唐人に利用される手駒にすぎなかった。本当に恐るべきは、外からやってきて内側に潜んでいるスリーパー・セルなどではなく、もとから内側にいた同胞というわけである。彼らのテロを阻止しようとする張小敬の境遇も龍波とそう変わるものではない。長安を火の海にしようと企むのも同胞なら、長安という街と人を愛し、それを守ろうとするのも同胞なのである。

本作は現代的なテーマが強く投影されている一方で、長安の街並み、上元節の風景、人々の服装や立ち居振る舞いといった形で風俗考証の成果が反映されている。人々の何気ない動作、「叉手礼《さしゅれい》」（拝礼の際の特殊な手の組み方）なども、唐代の絵画資料をもとに当時の作法を再現している。

また、よく話題にされる唐代長安の国際性も再現されている。ただ、作中に登場する崑崙奴《こんろんど》（東南アジア出身の黒人奴隷）が商売で成功して暗黒街のボスになっているように、国際都市長安の闇の部分に光を当てており、唐代長安の国際性とともに華やかな様子を論じた石田幹之助《いしだみきのすけ》による名著『長安の春』の裏側を描き出したような感じになっている。

遼と宋の間で苦悩する「大侠」

前述のように宋は漢人国家が遼や金といった「異民族」国家と対峙した時代であるが、一方で様々な事情により漢人の社会の中で暮らす「異民族」が登場する作品もある。金庸の原作となる『天龍八部《てんりゅうはちぶ》』である。

この作品も先に取り上げた『神雕俠侶』と同様に何度もドラマ化されている。このうち日本語版が存在するものとしては、二〇〇三年放映の張紀中プロデュース版『**天龍八部**』と、近年武俠ドラマを多く手がけている華策影視《かさくえいし》制作、二〇一三年放映の『**天龍八部〈新版〉**』とがある。

『天龍八部』は十一世紀末の北宋第七代哲宗《てっそう》の時代を舞台としており、四人の主人公が存在する。彼らの中で注目したいのは喬峰《きょうほう》（蕭峰《しょうほう》）である。原作小説より設定を確認しておくと、喬峰は丐幇《かいほう》の幇主《ほうしゅ》（頭領）である。丐幇というのは、乞食たちの互助組織であり、武林《ぶりん》（武芸者たちの世界）の最大党派である。喬峰は武功にすぐれ、四人の主人公のひとりである慕容復《ぼようふく》とともに「北の喬峰、南の慕容」、すなわち武林のツートップとして知られている。かつ俠気にあふれ、人望も厚い。実力、人格ともに「大俠」と言える人物である。

張紀中版では『レッドクリフ』の趙雲役などで知られる胡軍《フージュン》、華策版では香港出身で時代劇作品に多く出演している鍾漢良《ヂョンハンリャン》（ウォレス・チョン）が演じている。特に胡軍演じる喬峰は大俠の風格がよく出ており、評価が高い。

しかしひょんなことから、その出自が実は漢人ではなく、宋と敵対していた契丹人であることが判明すると、たちまち武林での名声が失墜し、丐幇を追われることになる。実は彼は遼国の名族蕭氏の出身であった（楊家将で遼の皇太后が蕭氏であったことを想起されたい）。赤子の頃に使者となった両親とともに宋へとやって来たが、陰謀により両親が死に追いやられ、以来契丹人であるという出自を本人や周囲には伏せて漢人として育てられてきたのである。

それでも「蛙の子は蛙」ということで、いつかは漢人を裏切るかもしれないという懸念があった。スリーパー・セルのような存在になることを恐れられたのである。彼が丐幇の幇主に選ばれる際には、当時の幇主によって歴代の幇主候補には課されなかったという厳しい試練が与えられ、慎重にその資質が見極められた。

図７　喬峰（『天龍八部』張紀中版より）

そしてその出生の疑惑が突きつけられると、彼を育てた義理の両親など真相を知る者が何者かによって次々と殺害されてしまう。彼が口封じをしたに違いないと疑われ、その地位を追われることになった。

彼は姓名を蕭峰と改め、遼に仕えることになる。しかし主君である遼の道宗《どうそう》が宋を攻めようとすると、遼と宋との間で板挟みとなって苦悩する。彼は宋のために遼の侵攻を食い止めるが、契丹人でありながら遼の皇帝に不忠をはたらいたということで、かつて両親が身を投げた雁門関《がんもんかん》で自害するのである。

『天龍八部』は残る三人の主人公のうち、段誉《だんよ》が現在の雲南省《うんなんしょう》を支配した大理国《だいりこく》（九三七年～一二五四年）の皇族の子弟、慕容復が五胡十六国（三〇四年～四三九年）の燕国《えんこく》の子孫で故国の復興を図っているという設定である。慕容氏については『漢武大帝』の項でも簡単に触れた。燕国は鮮卑の国家とされる。宋のほか大理国、遼、西夏が舞台となり、後に金を建国する完顔阿骨打が蕭峰と交流するなど、国際色豊かな作品として知られる（主人公のうち残るひとり虚竹《こちく》は少林寺の僧という設定）。

しかしそれでも蕭峰は自身の出自を周囲の漢人から指弾され、非業の最期を遂げることとなった。『天龍八部』の初版が書かれたのは一九六三年から一九六六年にかけてである。北宋に生きる「異民族」への視線は、そこからどうアップデートされたのだろうか。それを次に見てみよう。

中国式ウェストファリア体制の可能性

二〇一九年に放映・配信された『大宋少年志《だいそうしょうねんし》〜secret mission〜』は、『天龍八部』より半世紀ほど前の、北宋第四代仁宗《じんそう》の慶暦《けいれき》年間（一〇四一年〜一〇四八年）を舞台としている。全四十二話構成である。本作の脚本統括を担った王倦《ワンヂュエン》は、唐に到来した驃《ピュー》国（現在のミャンマー）の使者を描いた二〇一三年放映の『舞楽伝奇《ぶがくでんき》』（原題）、第３章で取り上げた二〇一九年の『慶余年《けいよねん》』（原題）など、意欲作の脚本を多く手がけている。

宋では有望な若者を将来の政界の幹部候補生として秘密裏に養成するための男女共学の学校「秘閣《ひかく》」を開設した。そこへ将軍の家の庶子で不良少年の元仲辛《げんちゅうしん》、宋の皇族の姫君で智勇を兼備し女性ながら国政の場で手腕を振るうことを望む趙簡《ちょうかん》、下層階級の軍戸《ぐんこ》の出身で両親のために栄達を望む薛映《せつえい》、官僚の子弟で折り目正しく寡黙な性格の秀才王寛《おうかん》、重臣のドラ息子韋衙内《いがない》、宋へと亡命してきた渤海国《ぼっかいこく》の遺民の少女裴景《はいけい》といった、様々な背景を持つ男女六人が入学することになる。

その彼らが掌院《しょういん》（校長）から国家機密や外交に関わる密偵のようなミッションを授け

図８　『大宋少年志』

られ、成長していくという、ジャンルとしては中国時代劇ではよくある学園物のコメディである。

北宋の慶暦年間といえば、慶暦四年（一〇四四年）に宋と西夏との間で慶暦の和約が結ばれたことで知られる。これは西夏が宋に臣礼をとるかわりに、宋から西夏へ毎年絹や銀などの歳幣《さいへい》を贈るというものである。それよりさかのぼる一〇〇四年には、宋と遼との間で澶淵《せんえん》の盟が結ばれ、両国を親族の関係と位置づけ、やはり宋から遼に歳幣を贈ることが取り決められた。

両方とも相手側の軍事的圧迫により結ばれたものである。前文で取り上げた楊家将の物語では、宋側が遼や西夏の軍を打ち破ったことになっているが、現実はそうではないのである。かつ「華夷思想《かいしそう》」に基づけば、宋のような漢人の王朝が「異民族」の王朝と対等な立場で盟約を結ぶなどあり得ないということで、伝統的には宋側の立場から屈辱的な盟約であると見なされてきた。

一方で現代的な視点からは、この時代には漢人の王朝と複数の「異民族」の王朝が一種の平和条約によって互いの存在を認め合う多国平和共存体制が成立したとされ、これは中国史上において画期的な現象であると評価されている。この澶淵の盟以後の国際秩序は「澶淵体制」「澶淵システム」と呼ばれている。

更には、もしこの状態が長く続けば、近世ヨーロッパで成立したウェストファリア体制のようなもの、すなわち多国間で互いに主権を持つ対等な存在と認め合って活発に外交を展開する体制が成立したかもしれないという可能性を見出す見解もある。

ウェストファリア体制というのは、三十年戦争（一六一八年～一六四八年）の講和条約であるウェストファリア条約締結によって確立した国際秩序であり、主権国家体制とも呼ばれる。三十年戦争では、ヨーロッパの大小様々な国家や勢力が参戦したので、講和会議でも、その規模にかかわらず互いに主権を持つ対等の存在と認め合ったうえで利害の調整を行う必要があったのである。以後、ヨーロッパでは主権国家同士の勢力均衡を基調として国際政治が行われることになった。

本作の制作者がこうした研究をどの程度参照したかはわからないが、本作では遼や西夏の使節が宋へと到来して主権国家同士によるウェストファリア体制的な外交を行ったり、密偵による諜報戦を繰り広げるという描写が見られる。

「異民族」とともに生きる

そして「スリーパー・セル」と関係するような登場人物も二、三存在する。ひとりは、主人公六人が「秘閣」での最初のミッションで出会う囚人の丁二《ていじ》。彼は気弱でおとなしい性格で、つまらない罪で投獄されて労役に服していたと見せかけて、その実西夏の高官の子弟であり、父親の命により北宋の牢内に潜伏して囚人たちに反乱をおこさせようと煽っていたのである。まさに潜伏工作員としての「スリーパー・セル」にあたる存在である。

彼は父親に命じられるままつまらない諜報活動をこなすことに嫌気がさし、将来への希望を見出せない日々を送っていた。しかし彼の正体を知らないまま接してきた趙簡の励ましにより生きる意欲を取り戻す。牢を出た後は、西夏の将軍米禽牧北《べいきんぼくほく》（丁二の本名）として趙簡たちの前に立ちはだかることになる。本作は悪役のはずのこの米禽牧北の転身を生き生きと描いている。

もうひとりは主人公の一角を占める裴景である。彼女は遼に滅ぼされた渤海国の遺民として生まれ、元々遼で暮らしていたところを父母の代に宋に亡命してきたという設定である。渤海国の名前を架空の国名に置き換えていた従来の作品とは異なり、本作では、はっきりとその名前を出している。

さて「秘閣」の掌院である陸観年《りくかんねん》は、裴景の幼い頃よりその出生と境遇に目を付け、それが危険を伴う行為であるということを敢えて教えないまま遼と宋を往復させ、遼の皇族などとも交友させていた。

そして遼国内の渤海の遺民たちと連携し、騒擾を起こさせるための要員、すなわち遼国内の「スリーパー・セル」を動員するための鍵となる人物として「秘閣」への入学を許す。彼女は従順で善良な性格を陸観年につけ込まれ、政治的な道具として利用されてきたわけである。

彼女の恋人となった王寛は彼女の置かれている状況を察知すると、陸観年に「たとえ宋人の血を受け継いでいなくても、宋で生まれ育ったからには宋人である。国家のためであったとしても、彼女に不当な扱いをしてはならない」と厳重に抗議をし、彼女を守ろうとする。陸観年は、「それでは土下座して謝れとでも言うのか！」と、この種の問題で非を問われた側がよくやるような開き直りをするが、王寛は「もし本当に間違っていたと思うなら、そのようなことを口にするはずがない」と諫めるのである。

王寛の「たとえ宋人の血を受け継いでいなくても、宋で生まれ育ったからには宋人である」という言葉は、『天龍八部』の蕭峰がかつての仲間であった漢人たちから聞きたかった言葉ではあるまいか。

そしてここから時代を超えて、現代中国の少数民族の置かれた境遇に対する制作者のメッセージを読み取ることもできるだろう。現実の問題が過酷であるからこそ、ドラマの中では理想を説くのである。「中国式ポリコレ」は、今や「臭い物に蓋」式の単なる言葉の言い換えではない、実の詰まったものになってきている。

E・H・カーの名著『歴史とは何か』の中で、「歴史とは、現在と過去との間の尽きることを知らぬ対話」であるという有名な言葉があるが、そのひそみに倣えば、中国時代劇とは、現在と過去との間の対話にとどまらず、現実と理想との間の尽きることを知らぬ対話でもあるということになるだろう。

第5章　ジェンダーの壁に挑む女帝武則天

男は皇帝として君臨し、女は皇后や側室として夫を助け、男ならざる男である宦官《かんがん》が彼らの世話を焼く。そうしたジェンダー（社会的・政治的性差）に支配される宮廷物の世界と、それを打破しようとする動きを見ていこう。

後宮＝中国版大奥の世界

時代劇のジャンルとして、江戸城の大奥を舞台とした大奥物は一定の人気を誇る。将軍の生母、正室、側室や奥女中たちの居所＝大奥を舞台にした女同士の暗闘が見所である。大河ドラマでも、二〇〇八年放映の『篤姫《あつひめ》』は幕末の大奥を舞台としており、高視聴率を獲得した。

中国では、大奥に相当するのは後宮《こうきゅう》ということになる。後宮では、皇后、貴妃《きひ》といった皇帝の妻妾、彼女たちの産んだ皇子女、皇帝の母である皇太后、そして彼女たちに仕える宮女や、去勢された男性である宦官が暮らしている。

中国時代劇でもやはり後宮での女同士の暗闘を描いた大奥物に相当するジャンルがあり、中国語では「宮廷《ゴンティン》劇《ヂュィ》」、あるいは「宮闘《ゴンドウ》劇《ヂュィ》」と呼ばれている。日本語では宮廷物とか後宮物と訳されている。

中国で宮廷物が一ジャンルとして根付くきっかけとなったのは、香港制作の『**紫禁《しきん》城《じょう》華の嵐**』である。二〇〇四年放映、全三十話構成で、清朝の後宮を舞台としている。この作品の大ヒットが影響してか、宮廷物のヒット作には清朝宮廷を舞台としたものが目立つ。

特に二〇一〇年代の前半にヒット作が集中しているが、宮廷物として典型的な作品は、二〇一一年放映、全七十六話の長編となった『**宮廷の諍《いさか》い女《め》**』である。流瀲紫《リウリエンヅー》による小説『後宮・甄嬛《しんけい》伝』が原作で（「嬛」の字の読みは「かん」あるいは「けん」の方が適切と思われるが、日本語版の読みに合わせておく）、ドラマの原題もこれと同じタイトルである。同氏はドラマ版の脚本も担当している。ただ、原作小説では架空の王朝を舞台としていたのが、ドラマ版では歴史上の清朝雍正《ようせい》年間（一七二三年～一七三五年）に舞台が置き換えられている。

ヒロイン甄嬛は漢人の家から雍正帝の側室として後宮に入り、最初は后妃《こうひ》の位のうち下から二番目の常在《じょうざい》に封じられる。清朝宮廷では、后妃の位として答応《とうおう》、常在、貴人《きじん》、嬪《ひん》、妃《ひ》、貴妃、皇貴妃《こうきひ》、皇后の八段階がある。当然上の位に進むにつれ定員が少なくなる。日本の平安時代の天皇の后妃にも更衣《こうい》、女御《にょうご》、中宮《ちゅうぐう》といった位が設けられていたが、それと似通っている。

甄嬛は才智に溢れ、また亡き純元《じゅんげん》皇后に似ているということで、雍正帝の寵愛を得る。となるとたちまち彼女は他の后妃たちから嫉妬され、嫌がらせを受けるようになる。

そうした陰謀の中で、彼女は最初の子を流産させられてしまう。妊娠すれば陰謀に

図1　『宮廷の諍い女』

よる流産の危機がついて回るのは宮廷物のセオリーである。流産を招きやすい食物の食べ合わせや薬物など、漢方の知識も後宮での生活には欠かせない。

甄嬛の前に最初に立ちはだかるのは、後宮の実力者華妃《かひ》。彼女は雍正帝の重臣年羹尭《ぎょう》の妹であり、後宮で皇后に匹敵する権勢を誇っていた。その華妃が、兄の粛清とともに権勢を失い、死罪に追い込まれると、今度は現皇后の烏拉那拉《ウラナラ》氏（前任の純元皇后の妹にあたる）が甄嬛の前に立ちはだかる。ボスを倒したと思ったら、今度は大ボスの出番となるわけである。

頼みの綱となるのは雍正帝の寵愛だが、自分は所詮亡き純元皇后の身代わりにすぎないと、冷めた感情でしか接することができなくなる。そして雍正帝の十七弟にあたる果《か》郡王允礼《ぐんおういんれい》と相思相愛の仲となり、密かにその子を宿し、雍正帝の子として出産する。

しかし雍正帝の方も二人の密通を疑い、果郡王を死に追いやる。甄嬛は、烏拉那拉皇后が姉の純元皇后を毒殺したことなど、彼女のこれまでの悪事をあばいて失脚させる一方で、雍正帝が死の床に就くと、彼との間の子が実は果郡王の種であることを明かし、憤死させて恋人の仇を取るのである。

文章で書くと大変ドロドロとした展開だが、映像や演出は落ち着いていて文学的で、格調すら感じさせる。主演女優の孫儷《スンリー》は、才智に溢れた天真爛漫な少女から、冷徹な後宮の実力者への変化をよく演じている。なお、雍正帝を演じているのは、『**三国志 Three Kingdoms**』の曹操役の陳建斌《チェンジェンビン》である。

続編の『**如懿《にょい》伝～紫禁城に散る宿命の王妃～**』（二〇一八年放映・配信、全八十七話構成）も好評を博した。甄嬛は、こちらでは雍正帝の次の乾隆帝《けんりゅうてい》の皇太后として登場する。

皇帝の寵愛は我が目的にあらず

『宮廷の諍い女』の前年に放映されたタイムスリップ物『**宮廷女官 若曦《じゃくぎ》**』も宮廷物とされることがあるが、『諍い女』のような女同士のドロドロの暗闘はそれほど描かれていない。

通常の宮廷物では、後宮の女たちが皇帝の寵愛をめぐって対立するという構図となるが、こちらでは逆に康熙帝《こうきてい》の皇子たちがヒロイン若曦をめぐって恋の鞘当てを繰り広げる。第3章で触れた通り、本作は雍正帝の父である康熙帝の時代を舞台としている。若曦は皇子たちのうち八阿哥《アーガ》、十阿哥、十三阿哥、十四阿哥から愛され、あるいは友情を育《はぐく》むが、最終的には後の雍正帝、四阿哥を選ぶ。

彼が即位すると、若曦はその側に控えて身の回りの世話をするようになるが、その身分は宮女なのか側室なのかはっきりしない。身分をはっきりさせないことで、皇帝の寵愛をめぐる側室同士の暗闘を回避するのである。嫌なこと、面倒くさいことを避けて皇帝の寵愛だけを享受できるおいしいポジションである。

なお、こちらの雍正帝は台湾出身の元アイドル、イケメン俳優の呉奇隆《ウーチーロン》（ニッキー・ウー）が演じている。本作で共演した若曦役の劉詩詩《リウシーシー》とは、二〇一五年に結婚した。

大奥物、宮廷物での女同士の暗闘は、実の所好き嫌いがかなり分かれる要素である。「これがあるから大奥物、宮廷物は見たくない」という声も聞かれる。女同士の暗闘を回避することで、宮廷物に対する拒否感を和らげるという効果もある。

大物脚本家・プロデューサー于正《ユィヂョン》の作品でも、そうした工夫が見て取れる。二〇一〇年放映、全四十話構成の『**美人心計《びじんしんけい》〜一人の妃と二人の皇帝〜**』は、第3章で紹介した『**宮《きゅう》 パレス〜時をかける宮女〜**』とともに彼の出世作となった。

舞台は前漢（前二〇六年〜後八年）の第二代皇帝恵帝《けいてい》の時代である。宮廷では恵帝の母で劉邦の正妻であった呂后《りょこう》が実権を握っている。地方では恵帝の異母弟や劉邦の一族の子弟が諸侯王として派遣されており、彼らが恵帝に取って代わるのではないかと恐れている。

呂后が特に警戒しているのが、代王劉恒《だいおうりゅうこう》とその生母の薄姫《はくき》である。劉恒は後に第五代文帝《ぶんてい》として即位することになる。そこで呂后はヒロインの竇漪房《とういぼう》をスパイとし、劉恒の後宮に入内させる。彼女の目的は劉恒の寵愛を得ることではなく、呂后の密偵として活動することである。だから劉恒の寵愛を得て他の后妃たちから嫉妬されてもまるで意に介さず、嫌がらせも適当にやり過ごしてしまう。女同士の暗闘はこの作品ではかなり戯画化されている。

図2　『美人心計』

本作の放映が『三国志 Three Kingdoms』と同じ年ということもあり、当時「男は『三国』（『Three Kingdoms』の原題）を見るべし、女は『美人心計』を見るべし」と宣伝されたが、実のところ本作は後宮の暗闘が戯画化されていることで、宮廷物として男性にとっても見やすい作品になっている。

ちなみにヒロインの竇漪房は実在の人物をモデルとしている。モデルとなった竇太后《とうたいごう》は、前漢第六代景帝《けいてい》の母、第七代武帝の祖母として朝廷で影響力を発揮した。

彼女が呂后のスパイとして劉恒の後宮に入ったというのは、『漢書《かんじょ》』外戚伝《がいせきでん》に、呂后は宮女を各地の諸侯王に五人ずつ下賜し、竇太后はその中のひとりであったとあるのを踏まえている。彼女たちはスパイとしての役割も負わされていたのだろう。本作の設定は荒唐無稽なものというわけでもない。

皇帝の寵愛を得ることは本来の目的ではないという設定は、于正最大のヒット作となった**『瓔珞《えいらく》〜紫禁城に燃ゆる逆襲の王妃〜』**でも生かされている（「瓔珞」は、一般名詞としては通常「ようらく」と読まれるが、日本語版の読みに合わせておく）。二〇一八年放映・配信、全七十話構成である。これと前後して放映・配信された『如懿伝』と同じく乾隆帝の後宮を舞台としており、登場人物も多くが共通していることで、何かと比較された。

本作のヒロイン瓔珞もやはり実在の人物がモデルとなっている。モデルとなった孝儀《こうぎ》純皇后《じゅんこうごう》は、乾隆帝の後を継いだ嘉慶帝《かけいてい》の生母として知られる。

ヒロインは当初乾隆帝の側室としてではなく、後宮の雑用を担う宮女として宮廷に仕えることとなる。その目的は、やはり宮女として仕えて不慮の死を遂げた姉の死の真相を明らかにし、その仇を取ることである。仕事はきちんとこなすが愛想が悪いということで、多くの敵ができる。その才覚を富察《フチャ》皇后に見出され、彼女の侍女として仕えるようになると、後宮の后妃たちの暗闘にも巻き込まれるようになる。

しかし嫌がらせを受けたり、トラブルに巻き込まれるたびに、彼女はその才覚でもって相手に復讐をするのである。話のテンポの良さもあって、女同士の暗闘を描きながらも、見ていてかなりスカッとする作品となっている。何となく「倍返し」の『半沢直樹』を連想させるということで、日本語版は「女性版半沢直樹」として宣伝された。

主演女優の呉謹言《ウーヂンイエン》も愛らしい、あるいは可憐というよりは、三白眼が印象的な、どちらかと言うとヒロインのライバル役や悪役が似合いそうな顔立ちである。

図3　『瓔珞』（真ん中二人が乾隆帝と富察皇后、乾隆帝の左隣が瓔珞）

皇后を縛るもの

『瓔珞』に登場する富察皇后は、良妻賢母を絵に描いたような人物で、夫である乾隆帝の寵愛と信頼が深いが、物語が始まった時点では、自分の産んだ二阿哥を幼くして病で亡くして以来病気がちとなり、何事にも積極性を失ってしまっているという状況である。

そこを弟など親しい者たちの励ましにより、次第に生きる意欲を取り戻すようになる。ヒロイン瓔珞が侍女として仕えるようになると、書道など宮中の女性としてふさわしい教育を授けてやり、瓔珞の方も、主君というよりは、かけがえのないメンターとして皇后を慕うようになる。

そんな中、富察皇后は七阿哥を出産し、赤子を二阿哥の生まれ変わりのようにかわいがる。乾隆帝の方も赤子を皇位継承者に定める心積もりをする。ところが七阿哥は、宮中の火災に巻き込まれて窒息死してしまう。

二阿哥に続き七阿哥までもが不慮の死を遂げたということで、皇后は半ば正気を失い、遺体となった七阿哥をその手に抱いたまま誰にも引き渡そうとしない。しかし乾隆帝はそんな彼女に「皇后としての身分を忘れるな」と諭《さと》すばかりである。

皇后が「私は皇后となって以来、皇帝や皇太后に仕え、何事にも誤りがないよう、誰からも責められないよう慎重に行動してきました。他の側室たちにも嫉妬せず面倒を見てやり、彼女たちの産んだ子に対して自分の子のように接してきたつもりです。しかしそれで私は何を得たというのでしょう？」と乾隆帝に切々と訴えても、「そなたには好き勝手に振る舞う権利はないのだ。皇后としての責任を自覚しろ」と冷たく返される。

皇后の地位が自分を縛る鎖のようになり、自分は感情のままに我が子の死を悲しむことすら許されない、愛してくれていると思った夫も、結局は自分を理解してくれないと、彼女は思い悩む。我が子の遺体を取り返そうとするのを阻止するために、乾隆帝によって、精神だけでなく彼女の身体も縄で縛られる。

そして縄がほどかれ、夜になると、皇后から単なる富察容音《フチャようおん》（彼女の本名）に戻ろうと、紫禁城内の建物から飛び降り自殺をしてしまうのである。

ドラマの方では、実は七阿哥の死の背後に陰謀があり……という展開になるのであるが、それはここでは触れないことにして、皇后であることの苦しみを別の作品でもう少し掘り下げてみることにしよう。

完璧すぎる皇后

二〇二〇年放映・配信、全六十九話構成の『清平楽《せいへいがく》』（原題）は、北宋（九六〇年～一一二七年）第四代仁宗《じんそう》の宮廷を舞台としている。制作は『琅琊榜《ろうやぼう》』シリーズなどを手がけた東陽正午陽光影視《とうようせいごようこうえいし》、米蘭《ミーラン》Ｌａｄｙ《レディ》によるネット小説『孤城閉《こじょうへい》』を原作としている。

仁宗の二番目の皇后となる曹丹姝《そうたんしゅ》は、富察皇后とは違って活発な性格の強い女性である。北宋の建国の功臣である武将曹彬《そうひん》の孫として、幼いころから兄弟たちに混じって武芸を鍛錬し、狩猟にも同行することがあった。また男装して女子禁制の学校に潜り込み、文人として著名な范仲淹《はんちゅうえん》（後楽園の名称の由来となった「先憂後楽《せんゆうこうらく》」の名言で知られる人物である）の講義を聴講するという、文武両道の女性である。

彼女の最初の結婚相手は、道教の修行に励む道士かぶれで、女性には見向きもしないという性格。彼女は新婚初夜に相手に迫って三行半を書かせ、勝手に離縁を成立させて実家に戻ってしまう。そして宮中に潜り込み、輿《こし》に乗って移動する仁宗を仰ぎ見て、これこそ自分の夫となるべき人物であると見定める。

仁宗の方は、最初に娶《めと》った陳皇后《ちんこうごう》が身勝手で後宮の管理人としての皇后の任に堪えないと判断し、彼女から皇后の位を取り上げて新たな皇后を娶ることにする。そこで曹丹姝に白羽の矢が立つ。と言っても仁宗が彼女の能力を正当に評価していたわけではない。新皇后の人選を任された群臣が、名門曹家の娘なら間違いないだろうと判断して彼女を推薦し、それを受け入れただけである。

仁宗は彼女との間に夫婦としての情愛を求めておらず、後宮の管理人としての役目を問題なく務めることを求めるだけである。後年になるまで彼女と床を共にすることもない。当然子どもも産まれない。

図4　曹丹姝（『清平楽』より）

それでも曹丹姝は皇后として懸命に務め上げる。富察皇后の言う、皇帝に仕えること（曹丹姝の場合、皇太后は既に没していた）、何事にも誤りがないよう、誰からも責められないよう慎重に行動すること、他の側室たちに嫉妬せずに面倒を見てやり、彼女たちの産んだ子に対して我が子のように接すること、そのすべてを完璧にこなす。

仁宗の後宮にも、『宮廷の諍い女』の華妃に相当するような、皇帝の寵愛を笠に着て皇后に反抗的な側室は存在するが、ここではさほど大きな波風は立たない。皇后に後宮の管理人としての意思と能力、そして良識があれば、後宮は女同士の暗闘の場にはならないのである。仁宗から寵愛されず、子どもがいないということが、却って側室たちの問題に中立の立場で対処できるということで、プラスに作用した面もあるかもしれない。

しかし曹丹姝の対応は四角四面なものになりがちで、しばしば仁宗の不興を買う。仁宗の長女徽柔《きじゅう》（福康公主《ふくこうこうしゅ》）が嫁ぎ先で虐待を受けて勝手に出戻った時も、事情を知りつつ婚家に戻そうとする（彼女の結婚の事情については後文で述べる）。

曹丹姝は皇后としての束縛に絶望を覚えることはあったかもしれないが、富察皇后のように死を選ぶことはなかった。しかしその代償ということか、聡明で闊達であったはずの彼女は、気がつけば宮廷生活の中ですっかり頑迷になってしまった。

女の学問

若き日の曹丹姝は男性が通うべき学校に潜り込んで勉強していたが、中国時代劇では学校で女性も男性と机を並べて勉強するという場面がしばしば見られる。第4章の最後で取り上げた『**大宋《だいそう》少年《しょうねん》志《し》～secret mission～**』でも、趙簡《ちょうかん》、裴景《はいけい》ら女学生が「秘閣」と呼ばれる学校で学んでいた（そしてこれも『清平楽』と同様、北宋の仁宗の時代の話である）。

男性とともに学ぶ女性というのは、中国では説話や小説などで古くから見られる。たとえば梁山伯《りょうざんぱく》（人名。『水滸伝』の舞台となる梁山泊とは無関係である）と祝英台《しゅくえいだい》の物語では、ヒロイン祝英台が男装して遊学し、同窓生の梁山伯と知り合う。そして梁山伯はのちに祝英台が女性であることを知る。この物語は京劇や粤劇《えつげき》といった伝統演劇の題材となっているほか、何度も映画化・ドラマ化されている。ドラマ版としては、二〇〇七年放映、台湾の有名俳優何潤東《ホールンドン》（ピーター・ホー）主演の『**梁山伯与《と》祝英台**』（原題）などの作品がある。

梁山伯と祝英台は相思相愛の仲となるが、祝英台には許嫁《いいなずけ》がおり、二人の仲は引き裂かれる。最後はともに死んでしまい、二匹の蝶に生まれ変わってようやく添い遂げられるという悲劇の物語である。しかし仮に祝英台が梁山伯と結ばれてハッピー・エンドとなったところで、彼女の学んだ学問は子どもの教育ぐらいにしか生かす所がなさそうである。

他のドラマの女学生たちも、学んだ武功や仙術を即生かせる武俠物や玄幻物《シュエンファン》（中華風ファンタジー物）の女俠たちは別として、学校を出た後に学んだことを生かせる場がどれだけあるのか疑問である。

『**花と将軍～Oh My General～**』ではヒロインが若くして父や兄の後を継いで大将軍となり、『**孤高の花～General & I～**』ではヒロインが軍師となっているように、「ラブ史劇」と呼ばれるジャンルでは女性たちが華々しく活躍するが、女性たちの多くは身につけた能力を生かす間もないまま家庭に入ることになったのではないだろうか。

状況に変化が表れるのは、近代に入る清末以後のことであろう（中国史では一八四〇年～一八四二年のアヘン戦争以後を近代とする）。清末を舞台にした『**月に咲く花の如く**』のヒロイン周瑩《しゅうえい》の姿がそうした時代の変化を示している。二〇一七年放映・配信、全七十四話構成で、監督は第2章で取り上げた『**大秦帝国　縦横＝強国への道＝**』『**昭王～大秦帝国の夜明け～**』の丁黒《ディンヘイ》である。

周瑩は父親とともに流れ者として世渡りをしてきたが、ひょんなことから現在の陝西省《せんせいしょう》に属する涇陽《けいよう》の街の富豪呉《ご》家の下働きとなる。そして呉家の敷地内に設けられた若い従業員のための学校に興味を持ち、唯一の女学生として、読み書きや計算など、商売に必要な知識を身につけていく。そうして学ぶことで、商売人としての才覚や良識が磨かれ、周囲から評価されるようになっていく。

彼女は呉家の御曹司と結ばれ、若奥様となるが、その幸せは長くは続かない。夫は若くして亡くなり、呉家の当主である舅《しゅうと》も、陰謀により陥れられて非業の死を遂げる。舅から資質を認められ、呉家の当主に指名された周瑩は、舅の弟にあたる叔父たちや呉家の学校の同窓生とともに、没落した呉家の建て直しを図ることになる。

周瑩を演じるのは、『宮廷の諍い女』の孫儷。『諍い女』とは打って変わって庶民的な

図5　『月に咲く花の如く』

役柄であるが、ガサツなところがありつつも義理堅く、口が達者で「地頭」がよいというキャラクターを好演している。

周瑩は実在の人物であるが、それほど事績が豊富なわけではないのを、創作でかなり話を膨らませているようである。そうした創作手法は、やはり実在の近現代の女性をモデルとすることが多い日本の朝ドラを連想させる。

近年の作品では、明治の女性実業家広岡浅子をモデルとした、二〇一五年度下半期の『あさが来た』とよい比較対象になりそうである。広岡浅子は日本初の女子大学（現在の日本女子大学）を設立したことで知られているが、周瑩もやはり作中で女性のための学校を設立している。

浮かばれない武則天

近代以前で女性が学校で学ぶことにより立身出世を果たせそうなのが、中国唯一の女帝武則天《ぶそくてん》の時代である。武則天はもともと唐（六一八年〜九〇七年）の第二代皇帝太宗《たいそう》（李世民《りせいみん》）の側室であったのが、太宗の子の高宗《こうそう》に見初められて皇后となり、更にその跡を継いだ息子から帝位を奪って自ら皇帝となったという人物である。彼女は唐王朝を廃して国号を周《しゅう》（六九〇年〜七〇五年）と改めた。武則天は女性がなることを想定すらされていなかった帝位をつかんだということで、中国政治史の中でジェンダー（社会的・政治的性差）の壁を突破した人物であると位置づけられる。

二〇一四年放映、全四十四話構成の『**トキメキ！弘文学院**《こうぶんがくいん》』は、その女帝の時代の学園物コメディである。実はドラマでは武則天の名前はぼかされていて出てこないが、それとわかるようになっている。名門弘文学院では、男女平等の教育を求める女帝の意を承けて男子だけでなく女子学生の入学を認めるようになったが、朝廷内の守旧派がその教育改革を阻もうとする。

そこで女帝は男の密偵を学院の師範として潜入させ、守旧派による陰謀を阻止させることにする。そこへ更にヒロインが師範試験に合格して学院初の女性師範となるという筋立てで、この密偵とヒロインを、『宮廷女官　若曦』のニッキー・ウーと劉詩詩が演じている。

武則天の時代を舞台にした時代劇は意外に多く、中国で人気の怪奇ミステリー『**神探**《しんたん》**狄仁傑**《てきじんけつ》』（原題）シリーズなどにも武則天が登場する。武則天が主人公の歴史ドラマで最も有名なのは、一九九五年放映、全三十話構成の『**則天武后**《そくてんぶこう》』であり、日本のNHKのBS2でも放映された。主演の劉暁慶《リウシアオチン》は大女優として知られる。近年は芸能ニュースで「美魔女」として話題になったりもしている。

二〇一一年放映、全五十話構成の『**武則天　秘史**《ひし》』は、武則天の青年期、中年期、老年期をそれぞれ別の有名女優が演じるという趣向で、中年期の武則天を劉暁慶が演じている。

図6　『武則天―The Empress―』

武則天のドラマとして近年話題となったのが、二〇一四年放映・配信、全八十二話構成の大作**『武則天―The Empress―』**である。こちらは孫儷とともに中国の美人女優の代名詞的存在である范氷氷《ファンビンビン》が主演である。

ただ、この作品は妙なことで話題になってしまった。テレビ放映時に女優陣のいわゆる「胸の谷間」が目立つことが問題となって急遽放映が中止され、放映が再開されると、全編胸の谷間が見えないように修正されたのである。

このことは中国ドラマの検閲のおかしな点を示している。というのは、中国ではすべてのドラマ作品がテレビ放映にかけられる前に広電総局《こうでんそうきょく》（この機関については第3章で触れた）の検閲を受けるわけであるから、問題があったら放映より前に指摘され、修正が施されるはずである。

逆に一度はテレビ放映にかけられたということは、事前の検閲では胸の谷間については何ら問題視されなかったということになる。事実、胸を盛り上げて谷間を強調するような衣装は本作の独創というわけではまったくなく、唐代宮廷物の映画やドラマではよく見られるものである。

おそらくは放映開始後にどこかのお偉方からクレームが寄せられ、後出しの形で対応を余儀なくされたということであろう。中国での創作物の検閲の矛盾を示す事件となる。ただ、放映中のドラマ作品がクレームで何らかの対応を迫られるということは、日本でも時々起こることである。

この作品の本当の問題は別にある。武則天の物語で話が本筋に入るのは高宗の後宮に入ってからで、父親太宗の後宮にあった時の話は前振りにすぎないはずが、本作ではその太宗が没するまでに全八十二話中の五十話以上を費やしているのである。

本作は事実上太宗の後宮を舞台とした宮廷物になっている。高宗の後宮に入ってからも、政治劇というよりは宮廷物としての展開が続く。『宮廷の諍い女』の武則天版を見せられているような感じである。そして女帝として即位するのは最終回、最後の付け足しのような扱いであり、武則天の一代記としては大きくバランスを欠いたものとなっている。これでは武則天も浮かばれまい。

女暗殺者の城

武則天が退位して唐王朝が復活した後も、武則天の娘の太平公主《たいへいこうしゅ》ら皇室の女性が政治に大きな影響力を及ぼしたり、武則天の子の中宗《ちゅうそう》の正妻である韋后《いこう》が帝位を狙ったりしたが、彼女たちの野望は阻まれ、以後中国に女帝が現れることはなかった。

武則天の即位は長く男性たちのトラウマとなったようで、『清平楽』に登場する劉太后《りゅうたいごう》は、年若い北宋第四代仁宗の後見人として長らく政務を代行したため、作中で皇族や重臣たちから第二の武則天となるのではないかと忌避され、恐れられる。仁宗の皇后曹丹姝も文武両道の女性ということで、同様の懸念が抱かれることとなる。

皇太后として幼い皇帝たちを後見した清末の西太后《せいたいごう》も、あるいは周囲からそうした目で見られることがあったかもしれない。

先述の『月に咲く花の如く』では、終盤に義和団事件《ぎわだんじけん》（一九〇〇年～一九〇一年）の発生により、北京から陝西に退避してきた西太后と清朝第十一代の光緒帝《こうしょてい》が呉家に滞在することになる（これは創作ではなく実際にあったエピソードに基づいているとのことである）。周瑩が西太后に目通りし、率直な物言いをして不興を買ったと思いきや、逆に気に入られたようで、高位を授けられている。西太后が、自分の人生と周瑩の歩んだであろう人生とを重ね合わせ、女の身で商家の主となり、成功することの難しさに思いを致したのかもしれない。

二〇一八年配信、全三十六話構成の『**晩媚《ばんび》と影〜紅きロマンス〜**』は、武則天になれなかった女性たちの鬱屈を晴らすような設定となっている。原作は半明半寐《バンミンバンメイ》によるネット小説『媚者無疆《びしゃむきょう》』である（ドラマ版の原題でもある）。原作はエログロの要素が強いようであるが、そうした要素を残したままでは中国では配信にかけられないということで（もっとも、日本でも全年齢対応の番組としては放送が難しくなるのではないかと思うが）、原作者自身が脚本を担当し、エログロの要素を除去して耽美的な要素の強いラブ史劇に改変した。

図7　『晩媚と影』

ヒロインは貧家に生まれ、口減《くちべ》らしのために父親に騙されて妓楼《ぎろう》に売られてしまう。その運命に抗うため、彼女は女暗殺者たちの居城である婠嫿城《きかくじょう》に身を投じる。

婠嫿城は女性優位の組織である。女性が暗

殺者を務め、男性は「影」として彼女たちのサポートに回る。組織のトップである城主も女性が就任する。ヒロインは城主から「晩媚《ばんび》」という名を与えられ、長安《ちょうあん》という男性が彼女の「影」となる。「長安」というのも本名ではなく、コードネームのようなものである。

実はこの作品にも武則天が関係している。嫿婳城はもともと武則天によって設立された特務機関であるという設定なのである。女性優位の組織であるのも、これが影響しているのだろう。晩媚の「影」である長安も、中盤で実は武則天の娘の太平公主の子孫であることが明かされる。

嫿婳城は、武則天没後はその時々の政権の庇護を受けるようになり、物語開始の時点では、五代十国《ごだいじっこく》（九〇七年～九七九年）の群雄である李存勗《りそんきょく》の庇護を受けている。唐王朝が滅亡した後、中原では北宋が成立するまでのおよそ半世紀の間、後梁《こうりょう》、後唐《こうとう》、後《こう》晋《しん》、後漢《こうかん》、後周《こうしゅう》の五つの王朝が興亡を繰り広げた。これらの王朝を「五代」と総称する。「十国」の方は、同時期に勃興した地方政権の総称である。李存勗は、五代最初の王朝後梁の朱全忠《しゅぜんちゅう》と敵対した「独眼龍」李克用《りこくよう》の子であり、後梁を滅ぼして後唐の初代皇帝荘宗《そうそう》となる人物である。

後宮の后妃に皇后や貴妃といった位があるように、媗嬧城の女暗殺者たちにも、地殺《ちさつ》、天殺《てんさつ》、絶殺《ぜっさつ》というランクがある。晩媚も地殺から始まって昇格を目指していく。絶殺の上に城主の位がある。

この城主がトップのはずが、城内には城主と匹敵する立場の「公子《こうし》」と呼ばれる男性がいる。やはり李克用の子で、李存勗には異母兄にあたる李嗣源《りしげん》（史実では李克用の養子であるが、ドラマでは実子ということになっている）、後に後唐の第二代皇帝明宗《めいそう》となる人物である。李嗣源の母は媗嬧城の前城主であり、李克用の愛妾でもあった。彼女は息子を李克用の後継争いから逃れさせるため、城内に住まわせることにしたのである。

ただ、そのせいで後任の城主と「公子」との上下関係が不明確となっており、女性である現城主と男性である「公子」とは城内の主導権をめぐって緊張した関係にある。媗嬧城の女性優位も将来はどうなるかわからない。

男女が逆転した世界

男女が逆転した世界と言えば、第3章で取り上げた『**花の都に虎《とら》われて**』もそうである。ヒロインの暮らす花垣《かえんじょう》城は女性優位の社会であり、隣国の玄虎《げんこじょう》城が逆に男性優位の社会ということであった。

花垣城の男性たちが女性に虐げられている一方で、玄虎城の城主の妻も、結婚前は将軍として城のために戦っていたのが、結婚後はそうした機会を得られず、内心で不満を抱えている。この世界の生みの親であるヒロインは、問題提起のためにそうした設定にしたものの、この世界に暮らす人々の気持ちを知り、少しやりすぎてしまったかなと反省するのである。

しかし男女が立場を入れ替えるというのは、男性に女性の抱える問題を認知させるという点では有効な方法である。二〇一五年配信、全三十五話構成（日本語版は全十九話に再編）の『**太子妃《たいしひ》狂想曲《ラプソディ》**』は、『晩媚と影』や『花の都に虎われて』とは別の形で男女を逆転させる。プレイボーイでならした男性が、架空世界の王朝の太子妃に転生するのである。

本作はネット配信のみということで低予算のドラマであるが、出演料がかからず新鮮味のある新人を多く起用、あり合わせの材料で奇抜なデザインの衣装を制作（図8参照。背中の木の枠で括り付けた布は、作品中で軍装とされるファッション）、安価な送風機を十二分に活用したりして見映えのいい映像を演出するといった、金がかからないような工夫をこらしていることで話題となった。

　中国時代劇には、膨大な予算をかけ、大物俳優や旬の売れっ子をキャスティングした大作が目立つ一方で、本作や第２章で取り上げた『**刺客列伝**《しかくれつでん》』のように、低予算ながらもアイデアで一発勝負をかけるという作品も存在する。

　さて、美女に転生したはずの本作の主人公は、男性としての意識がなかなか抜けきれない。自分や側室たちの豊満なバストに興奮し、夫である太子が他人の妻と密会する現場をこっそり目撃すると、夫の不倫に怒るよりも濡れ場に期待してしまう。それでも初めての月経にはさすがに戸惑い、側室たちを集めて月経の悩みに関する討論会を開いたりする。

図８　『太子妃狂想曲』

　そして次第に自分が女性であることに違和感を抱かなくなり、自分から夫との交わりを求めるようになる。最後は元の世界に戻るわけであるが、その後の彼は女性に対する意識が大きく変わっていくことになるのではないだろうか（なお、本作では三種類の結末が用意されている）。

主君か愛かという人生の選択

最後に、宮廷の影の主役である宦官にお出ましを願うことにしよう。宦官とは去勢した男性で、宮廷に仕えた者を言う。特に後宮では、宮女以外にも男手が必要になることがあるが、男性では間違いがあるかもしれないということで、去勢された男性が必要とされた。宮廷内の作られた「第三の性」と位置づけられることもあり、中国史においてジェンダーと言えば、この宦官を抜きにしては語れない。

しかし宦官に対する一般的なイメージとしては、暗君・暴君の側近として権勢を振るい、性欲が満たされない分、権力欲や金銭欲を満たそうとし、心ある士人を虐待して王朝を滅亡へと導くといったネガティブなものが多いであろう。「馬鹿」の故事で知られる秦の趙高《ちょうこう》、三国志の序盤で宮廷政治の腐敗の象徴として登場する十常侍《じゅうじょうじ》、明代に権勢を振るった魏忠賢《ぎちゅうけん》らが宦官の害悪を示す典型としてしばしば取り上げられる（趙高に関しては実は宦官ではなかったという説もあるが、それはひとまず置いておく）。

もちろん実際の所は宦官という存在をそこまで単純化できるものではない。『史記』

を著述した司馬遷《しばせん》や南洋航海で知られる鄭和《ていわ》も宦官なのである。単純化できないというのは、中国時代劇での描写でもそうである。時代劇に登場する宦官は、趙高タイプの悪人以外に、これといって悪事を為すわけではない君主の忠実な世話係としての宦官や、劇中でのお笑いを担当する三枚目タイプの宦官も多い。

日本では清末の西太后の宦官となる李春雲《りしゅんうん》（春児《チュンル》）を主人公とする浅田次郎の小説『蒼穹《そうきゅう》の昴《すばる》』が、宦官のイメージを刷新する画期的な作品となった。二〇一〇年にはこれを原作とする日中合作のドラマ版も放映された。ただ、全二十五話構成（日本版の話数。中国版の話数は全二十八話構成）と、文庫版全四巻の長編のドラマ化としては話数が少なかったこともあり、原作小説の魅力を十分に反映した作品とは言い難いものであった。

近年の中国時代劇には印象的、魅力的な宦官が登場する作品がいくつかある。ここでは三つの作品を取り上げよう。

まずは『月に咲く花の如く』。前文で触れたように、この作品もやはり西太后の時代を舞台としており、清朝の皇族載漪《さいい》の手先として杜明礼《とめいれい》という宦官が登場する。ただし彼が宦官であることは秘密となっており、一商人として活動する。彼は奸智《かんち》に長けており、載湉の意を承けてヒロイン周瑩が嫁いだ呉家を潰そうとしたりと、涇陽の街の商家を翻弄する。

載湉の側に就いて呉家と敵対した商家であっても、都合が悪くなればあっさり切り捨ててしまう。しかし周瑩のライバルにあたる女商人胡詠梅《こえいばい》だけは、載湉の意向を無視してでも助けようとする。杜明礼は浮浪児であった頃に、胡詠梅に救われたことがあったのである。彼女は命の恩人であると同時に、初恋の相手でもあった。

胡詠梅の方も、自分の店の株の一部を杜明礼、そしてその同輩の査坤《さこん》（彼もまた載湉の宦官である）に譲渡し、その抱き込みを図る。載湉の奴隷のような立場にあった二人は、株の配当金を元手に自分の資産を形成し、人間らしい生活を取り戻そう、いずれは杭州の西湖に屋敷を構えようと夢を語り合うようになる。

そして杜明礼は胡詠梅から、載湉の手下なんてやめてしまって自分を手助けして欲しいと持ちかけられる。しかし査坤に「彼女が本当のお前を知って、それでも一緒にいてくれるだろうかね、杜公公《コンコン》？（公公は宦官に対する敬称）」とささやきかけられると、一気に夢から覚めてしまうのである。

杜明礼は載湉の手下であり続けることを選択し、胡詠梅を見捨ててしまう。胡詠梅も杜明礼も結局は破滅してしまうことになる。しかし杜明礼が載湉ではなく胡詠梅を選んでいたらどうなっていただろうか。杜明礼は胡詠梅の結婚相手にはなれないが、良きパートナーにはなれたのではないだろうか。

宦官も民衆のひとり

次は、北宋を舞台とする『清平楽』である。本作では官僚や女官と結託して悪事を為す宦官、悪人ではないが対応が事務的な宦官、お調子者で美人に弱い宦官、そして主人に寄り添う忠実でやさしい宦官と、様々なタイプの宦官が登場する。

その中で主役の一員として名前を連ねているのが梁懐吉《りょうかいきつ》である。実在の宦官であるが、その設定には脚色が加えられている。彼はもとの名を梁元亨《りょうげんこう》という。赤子の頃に父親を亡くすと、母親とともにその実家に身を寄せる。科挙の受験をめざして学問をするものの、母親と伯父が疫病で没すると、伯父の妻に厄介者扱いされて宮中に売り飛ばされ、宦官となったという身の上である。

教養と誠実な性格が買われて仁宗やその娘の徽柔のお付きとなる。その際に、元亨という名が『易経《えききょう》』の「元亨利貞」（元《おお》いに亨《とお》る、貞《ただ》しきに利《り》あり）という句に由来しているが、その句の中の「貞」の字が仁宗の「禎《てい》」という諱《いみな》を犯すということで懐吉と改名することになる。昔の中国では、主君や自分の親の名に使われている文字を避ける避諱《ひき》という風習があった。

徽柔からは兄のように慕われる懐吉だが、普段は感情を表に出すことがあまりない。ただ、幼い徽柔から「懐吉はどうして科挙を受けて立身出世を目指さないの？」と問われた時に、困惑する表情を見せる。彼はかつて科挙の受験を志していたが、宦官となった段階でその夢は断たれてしまった。宦官には科挙の受験資格はないのである。徽柔は事情を知らなかっただけで悪意はないとはいえ、彼にとっては残酷な質問であった。

そして国の学校である国子監《こくしかん》で、儒学者の胡瑗《こえん》が仁宗臨席のもと『易経』について講義する際に、皇帝の諱を犯すはずの「元亨利貞」の句を堂々と口にし、「臨文不諱」（文に臨《のぞ》みては諱《い》まず）、すなわち五経など儒家の経典《けいてん》の文句を講ずる時には、皇帝の名であっても避ける必要はないと断言した時に、微妙な表情を見せる。懐吉はかつて名前の由来を問われてその句を口にし、処刑されかかったことがあったのである。

その懐吉が仕える徽柔が、仁宗の母方の一族にあたる李瑋《りい》に嫁ぐことになる。それに伴い、懐吉も李家に移り、引き続き徽柔のお付きとして仕えることになる。しかしその結婚は徽柔にとって不幸なものであった。彼女には意中の相手がいたが、仁宗の眼鏡にはかなわず、無理やり引き離されたのである。朴訥《ぼくとつ》で機知に欠ける李瑋、その母親で野卑な性格の楊《よう》氏との相性も最悪であった。

彼女に限らず、公主《こうしゅ》（皇帝の娘）の結婚というのは、夫より妻の身分が高くなるだけに、不幸なものとなりがちだったようである。

この婚姻は、不遇のうちに生涯を終えた仁宗の生母に対する償いとして結ばれた。母方の一族を優遇することで、生母の霊を慰めようとしたのである。しかし嫁がされる娘の立場からすれば、それは仁宗の自己満足にすぎないものであった。徽柔は李瑋との同《どう》衾《きん》を拒み、日がな一日懐吉や侍女ら気心の知れた者たちと過ごす。楊氏はその様子を目にして徽柔と懐吉との関係を邪推するようになる。

思いあまった楊氏は徽柔に怪しげな薬を盛り、抵抗できなくしたうえで息子に事に及ばせようとするが、激怒した梁懐吉によって阻止される。そして「公主だって最初は無理強いでも一旦男女の道を知れば、李瑋を受け入れるようになるだろう」と強弁する楊氏に対し、上司の宦官も懐吉と同調し、「行為を強要すれば公主は死をもって抗議する可能性がある」「我々は何者であろうとも公主を傷つけるのは許さない」「今後はあなたと李瑋が単独で公主に接見することを認めない」と、李家側に厳重に抗議する。

その対応ぶりは、現代の性暴力事件や夫婦・恋人間のＤＶに対応する弁護士やケースワーカーとそう変わるものではないだろう。結婚生活に嫌気がさした徽柔は懐吉に「もう李家にはいたくない」と訴え、懐吉は禁を犯して彼女を宮中へと戻すのである。前述のように、仁宗の皇后曹丹姝はこの時に徽柔を李家に戻そうとする。

徽柔と李家との不和はスキャンダルとして官界にも知れ渡り、歴史書の『資治通鑑《しじつがん》』で知られる司馬光《しばこう》ら諫官《かんかん》（皇帝に諫言《かんげん》を行う官）たちは、懐吉を、主君を惑わす妖物《ようぶつ》・奸佞《かんねい》であると弾劾し、仁宗に処刑を迫る。仁宗は司馬光らに対し、彼が宦官になった経緯を話して聞かせ、「汝らは何かにつけて民衆のためにと言うが、宦官も元を正せば民衆のひとりなのだ」と諭すのである。そして懐吉は仁宗の思し召しにより「梁元亨」の名を取り戻すことになる。

宦官が自分の仕える公主が受けた不当な仕打ちに抗議をし、主君である皇帝の方も事の是非をわきまえたうえで宦官を庇う。皇室と宦官との親密な関係は、従来は否定的にとらえられがちであったが、この作品では肯定的に扱われている。近年の中国時代劇には、宦官に対するステレオタイプな描写を覆そうとする意気込みが感じられる。

新天地に飛び立つ宦官

最後に、二〇二〇年に配信された『成化《せいか》十四年～都に咲く秘密～』を取り上げる。明代中期の成化年間（一四六五年～一四八七年）を舞台にした作品であり、全四十八話構成である。成龍《チョンロン》（ジャッキー・チェン）監修ということで話題となった。夢渓石《モンシーシー》によるネット小説『成化十四年』が原作である。

本作は明の都で現在の北京《ぺきん》にあたる順天府《じゅんてんふ》で刑事事件の捜査にあたる推官《すいかん》の唐泛《とうはん》と、特務機関にあたる錦衣衛《きんいえい》の隋州《ずいしゅう》のコンビが主人公であるが、ここに宦官の汪《おう》植《しょく》が絡んでくる。彼は宦官による特務機関西廠《せいしょう》のボスである。明代の特務機関といえば、皇帝の禁軍《きんぐん》（親衛隊）から特務機関の性質を帯びるようになった錦衣衛、そして宦官による東廠《とうしょう》が有名であるが、成化年間には東廠に加えて西廠

図9　『成化十四年』（真ん中の人物が汪植）

が設置された。

汪植は実在の宦官汪直《おうちょく》をモデルとしているが、やはり脚色が加えられている。狡知に長け、特務機関の長にふさわしい手腕と性格を有しているが、自分を引き立ててくれた万貴妃《ばんきひ》と、主君の成化帝には忠実である。万貴妃も実在の人物であるが、一般的には嫉妬心から成化帝が他の側室に産ませた子を次々と殺害させた悪女として知られる。ドラマでは汪植を夭逝した我が子と重ねて親身に面倒を見るなど、従来のイメージとは違った人物像となっている。

汪植の方はと言えば、「你帮我《ニーバンウォー》、我帮你《ウォーバンニー》」（お前が私を助ければ、私もお前を助けてやる）が口癖で、唐泛や隋州を体よく利用する一方で、彼らから頼られたら何のかんのと嫌味を言いつつちゃんと手助けしてやる。

人間関係を損得でドライに判断する功利主義的な性格を見せるかと思いきや、現在の中国東北地方にあたる遼東《りょうとう》に出張すれば、前線でモンゴルや女真族《じょしん》と対峙する軍人からの信頼を勝ち得て、「あなたが陛下のお側におられるなら何も心配することはありません」と言わしめる。狡知と誠実さの二面性を備えた魅力的なキャラクターとなっている。

彼には戦場で軍功を立てたいという夢があった。宦官であるから武将として兵権を与えることはできないが、督軍《とくぐん》（軍の監察官）の地位なら問題はないということで、本作の最終回では、彼は成化帝から辺境での任務を与えられて新天地へと旅立っていく。

歴史上では、北宋の梁懐吉の後に、第八代皇帝徽宗《きそう》の側近として、『水滸伝』でも悪役となっている童貫《どうかん》らが現れた。明代には汪植と前後して、モンゴルに出征した皇帝が捕虜になるという土木《どぼく》の変を導いた王振《おうしん》や、権勢を振るって反対派を弾圧した魏忠賢らが現れている。彼らにも擁護の余地があるのだろうか。あるいは宮廷や官界が腐敗しきっている時期に、宦官にだけ清廉さや高潔さを求めて糾弾するのは不当かもしれない。宦官の害は王朝の滅亡の原因というよりは、滅亡の過程を示すものではあるまいか。

第6章　剣客たちの政治学

江湖、武林＝剣客たちの世界

時代劇で「武侠《ぶきょう》」と言えば、清水次郎長《しみずのじろちょう》のような任侠物、ヤクザ物を連想するかもしれない。しかし中国の武侠物はそういう「お控えなすって」と仁義を切る世界ではない。

武侠物の世界観を、香港の武侠小説家金庸《ヂンヨン》の作品『笑傲江湖《しょうごうこうこ》』を例に説明してみよう。他の金庸作品と同様、何度も映画・ドラマ化されている作品である。そのタイトルに見覚えがなくても、東方不敗《とうほうふはい》が登場する作品と聞けばピンとくる読者もいることだろう。アニメ『機動武闘伝Gガンダム』に登場する人気キャラクターのネーミングの由来

図1　張紀中版『笑傲江湖』

となっている。東方不敗は本作の悪役のひとりである。

この作品の中では、剣客たちはそれぞれ「門派《もんぱ》」と呼ばれる流派に属しており、師匠についてそれぞれの門派に伝わる剣術や武功の修業に励んでいる。

門派は拳法で有名な少林寺《しょうりんじ》、世界遺産となった武当山《ぶとうざん》を本拠とする武当派など、実在しているもの、あるいは実在の門派をモデルとしたものもあるが、架空の門派も多い。各門派は「掌門《しょうもん》」（正確には掌門人）と呼ばれるリーダーが弟子たちを指導している。

この作品ではあまり登場しないが、門派とともに「幇会《ほうかい》」も剣客たちの重要な勢力である。こちらは乞食たちの集まりである丐幇《かいほう》など、特定の職業・階層に属する者たちのギルドや、秘密結社などを指す。幇会のリーダーは「幇主《ほうしゅ》」と呼ばれる。

剣術や武功も同様に、少林寺の易筋経《えききんきょう》や武当派の太極拳《たいきょくけん》のように、実在の武功をモデルとしたものもあるが、多くが架空のものである。また、相手の内功《ないこう》（いわゆる気功）を吸い取って我が物とする「吸星大法《きゅうせいたいほう》」のように、マンガ的というかファンタジックなものが多い。

門派は正派《せいは》と邪派《じゃは》に大別される。邪派から先に見ていくと、剣客たちから邪道、異端と見なされている魔教《まきょう》（いわゆる邪教）が邪派を構成している。『笑傲江湖』では日月《じつげつ》神教《しんきょう》、五毒教《ごどくきょう》といった魔教の徒が登場する。東方不敗は日月神教の教主《きょうしゅ》である。

この邪派と対抗するのが、正義派、正統派を自認する正派である。正派には少林寺、武当派のほか、『笑傲江湖』の主人公令狐冲《れいこちゅう》の属する華山派《かざんは》なども含まれている。華山派は嵩山《すうざん》派・恒山《こうざん》派・泰山《たいざん》派・衡山《こうざん》派とともに「五岳剣派《ごがくけんは》」と呼ばれる同盟を形成している。このうち嵩山派の掌門左冷禅《されいぜん》が五岳剣派の盟主となり、武林全体の指導者となっている。

武侠物とは、こうした世界観のもとで展開される時代劇ファンタジーである。西洋では時代劇風のファンタジーと言えば、アーサー王伝説のような「剣と魔法の世界」ということになるが、中国では「剣と武功の世界」ということになるわけである。

ここで出てきた「武林」とは武術界のことである。文人学者たちの世界を示す「文《ぶん》林《りん》」「儒林《じゅりん》」と対応する言葉となる。清代の古典小説に『儒林外史』という作品があるが、これをもじったような**『武林外史』**という武俠小説があり、そのドラマ版も制作されている。

『笑傲江湖』の世界では、門派の領袖たちが武林の覇権をめぐって暗闘を繰り広げている。こうした武林の覇権争いのことを「争覇武林《そうはぶりん》」と呼び、多くの武俠物のテーマとなっている。

「武林」の類義語として「江湖《こうこ》」という言葉もある。『笑傲江湖』の「江湖」である。『笑傲江湖』は「江湖を笑い飛ばす」という意味となる。「武林」の同義語として用いられることも多いが、正確には武林を含めた在野、民間、すなわち庶民の世界を指す。皇帝や官僚といった権力者たちの世界である「朝廷」「官場《かんじょう》」と対応する言葉となる。

本章の最後で取り上げる、清末を舞台にした武俠ドラマ**『大俠霍元甲《たいきょうかくげんこう》』**（原題）では、悪役が西洋人に対して江湖を次のように説明している。「中国には朝廷以外にも大きな世界がある。それが江湖なのだ！」

『笑傲江湖』の中の文革

『笑傲江湖』の原作小説は文化大革命（文革）中の一九六七年から一九六九年にかけて執筆され、この時代の政治闘争が反映されていると言われている。

文革の時期には、毛沢東や、「造反派《ぞうはんは》」と呼ばれるそのシンパたちが、敵対する政治家や文化人に対して「走資派《そうしは》」（資本主義を復活させようとする一派。あるいは「実権派」とも）というレッテルを貼って糾弾した。民間でも地主や富農出身の人々が労働者階級の敵であるとして「黒五類《こくごるい》」のレッテルが貼られ、弾圧されることとなった。

このような政治的なレッテル貼りは『笑傲江湖』の中にも見られる。主人公令狐冲は華山派の一番弟子で、正派・邪派では正派に属する。しかし彼は邪派とされる剣客たちにも気のいい者がいることを知る。

華山派の掌門岳不群《がくふぐん》（すなわち令狐冲の師）はそんな彼に、邪派の者たちとは手を切って正道に戻れ、次に彼らと会ったら躊躇なく殺せと迫るのである。令狐冲はいつまでも手を下せずにグズグズしているが、そうこうしているうちに華山派を破門されてしまい、あいつは正派の裏切り者だ、邪派だということにされてしまう。

それではいっそ邪派に身を投じればよいのかというと、そう簡単にはいかない。幼い頃から華山派の門弟として育ってきた令狐冲が、破門になったからといって、いきなり今日から俺は邪派の徒として生きるのだと思い切れるわけではない。

そんな令狐冲も、魔教すなわち日月神教の聖姑《せいこ》（姫君）任盈盈《じんえいえい》と恋仲となる。しかし日月神教の内部では、こちらはこちらで現教主の東方不敗と前教主のシンパが政治的な党派争いをしているのである。盈盈が前教主の娘ということで、令狐冲は教団内部の党派争いに否応なく巻き込まれていくことになる。

正派と邪派の間で宙ぶらりんとなっている令狐冲に、少林寺の方丈や武当派の掌門は同情的な態度を取るが、彼らは彼らで政治的な思惑がある。五岳剣派の盟主の地位に飽き足らず、武林全体の盟主となろうとする左冷禅を牽制するために、令狐冲と手を結ぼうとしている。政治闘争を離れて安楽に生きられる場など武林には存在しないのである。

このように『笑傲江湖』は文革中の政治的なレッテル貼りや党派争いが作品中に反映されている。また同時代的にもそのように読まれたようである。当時の南ベトナム（当時ベトナムは南北に分断され、別々に国家を形成していた）でもこの小説が読まれ、国会では議員たちが対立する相手を「左冷禅」、あるいは「岳不群」と非難しあったと言う。

令狐冲の師匠の岳不群は、作中で左冷禅と五岳剣派の盟主の地位を争うことになる。岳不群は「君子剣《くんしけん》」というあだ名であり、その二つ名通り表面上は君子然としているが、実は政治的な野心を隠した偽善者だということで「偽君子《ぎくんし》」と陰口をたたかれている。第2章で触れた「偽君子」の由来となる人物である。

前述の通り『笑傲江湖』は何度も映像化されている。日本語化されているものには、香港映画の『**スウォーズマン**』シリーズ、ドラマ版では張紀中《チャンジーチョン》プロデュースの『**笑傲江湖**』（二〇〇一年放映、全四十話構成）、于正《ユィヂョン》脚本・プロデュースの『**月下の恋歌**』（二〇一三年放映、全四十二話構成）、『**笑傲江湖　レジェンド・オブ・スウォーズマン**』（二〇一八年配信、全三十七話構成）などがある。

しかしこれらの映像版はいずれも『笑傲江湖』に込められた政治性をうまく表現できていないように思う。また、『笑傲江湖』の場合、他の金庸作品と比べてストーリー展開や登場人物の設定に大幅な改変が加えられることが多い。上記の映像版の中では、張紀中プロデュース版の『笑傲江湖』が比較的原作に忠実であるが、それでも終盤の展開など所々改変されている。

映画やドラマの中で剣客たちの政治闘争を表現するには、何らかの憚《はばか》りがあるのであろうか？

武もなければ侠もない

とは言っても武林の党派争い、政治闘争は武侠物のテーマとしてよく見られるものである。金庸の作品では、『倚天屠龍記《いてんとりゅうき》』も『笑傲江湖』と同様の趣向を取り入れている。大元（一二七一年〜一三六八年）の末期を舞台とした作品である。

主人公は正派の名門武当派の高弟と魔教の教主の娘との間に産まれた、いわば「ハーフ」である。しかし両親は正派・邪派の対立の中で非業の死を遂げてしまう。生き残った主人公は魔教である明教《めいきょう》の教主となるが、正派と邪派の和解に骨を折り、両派を大元の打倒へと導いていく。

この作品では、大元の次の「明」という王朝名が明教に由来するという設定となっている。明教の配下として明の太祖となる朱元璋《しゅげんしょう》や、明の建国の功臣常遇春《じょうぐうしゅん》が登場する。やはり何度も映像化されており、日本語化されているドラマ版としては、二〇〇九年放映、全四十話構成の張紀中プロデュース版『**倚天屠龍記**』がある。また全五十話構成の二〇一九年版『**倚天屠龍記**』（原題）も二〇二一年に日本上陸予定とのことである。『倚天屠龍記』の場合は原作に比較的忠実に作られることが多い。

金庸作品以外だと、二〇一〇年放映、全三十話構成の『**流星胡蝶剣**《りゅうせいこちょうけん》』が剣客たちの政治性を余すところなく描き出している。こちらは金庸と並び称される台湾の武俠小説家古龍《グーロン》の『流星・蝴蝶・剣』が原作である。やはりアニメ『Gガンダム』で奥義の名前として使われている。

内容の方を見ていこう。武林では「老伯《ラオボー》」こと孫玉伯《そんぎょくはく》率いる孫府《そんふ》と、万鵬王《ばんぽうおう》率いる十二飛鵬幇《じゅうにひほうほう》が熾烈な覇権争いを繰り広げていた。その二大勢力の緩衝地帯に位置しているのが快活林《かいかつりん》であるが、実はこれは万鵬王側の動静を探るために老伯が作らせたものであった。

図2　『流星胡蝶剣』

「高老大《ガオラオダー》」こと高寄萍《こうきへい》は女主人として快活林に君臨している。「老大」というのは長男・長女、あるいはリーダーを示す言葉で、その下に「老《ラオ》二《アル》」「老三《ラオサン》」と続く。彼女は快活林で暮らす四人の暗殺者たちの姉貴分なのである。

ところがこの高老大が最近妙な動きをしているということで、老伯は快活林の主人の座を、自分の腹心である律香川《りっこうせん》と交替させようとする。

その措置に怒った高老大は、弟分となる四人の暗殺者たちを使って老伯を暗殺しようとしたり、敵側のはずの万鵬王、更には実は主人の老伯に取って代わろうとしている律香川と結託し、政治的駆け引きや陰謀に明け暮れる。

四人の暗殺者のひとり孟星魂《もうせいこん》（実は彼が本作の主役である）は、そんな高老大に段々嫌気がさすようになり、老伯に心を寄せるようになる。

近年の武俠物について「武」はあっても「俠」がないという批判がなされることがあるが、本作については「武」すらも怪しい。個別のアクション・シーンのクオリティは高いものの、アクション・シーンの数自体はそれほどないのである。武芸ではなく、ひたすら政治的な立ち回りを競う剣客たちの姿が描かれている。しかし武林を舞台としているということで、本作も武俠物と見なされる。

第1章で政治的な振る舞いを見せる三国志の英雄たちについて触れたが、武俠物に登場する剣客たちも負けず劣らず政治的である。

狙われた少林寺

政治と言えば、時に武林と朝廷との関係も問題となる。中国では伝統的に国家と民間との関係が乖離しており、国家は直接民衆を統治するのではなく、地域社会やギルドといった各種のコミュニティを通じて間接的に統治するのみであったとされる。日本の江戸時代の場合であると、お役人が村に住む農民をひとりひとり把握して年貢を取り立てるところであるが、中国、特に近世（明清時代）の社会の場合はそうではない。税金が過不足なく納められ、犯罪者を出さなければ、日本のように民衆の生活に対してあれこれ事細かに干渉することはない。

コミュニティ内部の統治は、その指導者に丸投げされるのである。中国におけるこうしたコミュニティのあり方を「小さな国家」と表現する学者もいる。そしてその「小さな国家」には、武侠物の主役である門派や幇会、魔教なども含まれる。

ただ、武林の門派や幇会などは他のコミュニティと少々事情が異なる。『倚天屠龍記』の明教が大元打倒のために立ち上がったように、時に王朝を転覆させかねないほどの武力を抱えているという点が問題となる。剣客たちは彼らの意志にかかわらず、存在するだけで国家の脅威となるのである。

二〇一六年放映、全四十二話構成の『**少林問道**《しょうりんもんどう》』では、少林寺が国家の弾圧に遭うさまが描かれている。作中で少林寺は当時の明王朝（一三六八年～一六四四年）に対して恭順の意を示している。しかし悪役の高官はそれでも安心できず、少林寺で最強の使い手たちである十八銅人《じゅうはちどうじん》を騙し討ちのような形で捕らえて監禁してしまい、少林寺を骨抜きにしてしまう。

弾圧でなければ、門派や幇会を投降させてそのまま官軍にしてしまうこともある。これを「招安《しょうあん》」と呼ぶ。『水滸伝《すいこでん》』の梁山泊《りょうざんぱく》は北宋王朝（九六〇年～一一二七年）の討伐を受けてこれを撃退した後、朝廷の招安を受け入れ、以後官軍として戦うことになった。二〇一一年放映、全八十六話構成の**『水滸伝 All Men Are Brothers』**などのドラマ版でもその様子が描かれている。

集団単位ではなく個別の剣客が朝廷に任用されることもある。武俠物ではこういう手合いは朝廷の手先ということで悪役として描かれることが多い。しかし台湾時代劇の**『包青天《ほうせいてん》』**（原題）のように、彼らが主役の側に立つこともある。

『包青天』は北宋時代の名裁判官として知られる包拯《ほうじょう》と、彼を助ける義俠たちの物語で、古典小説の『龍図公案《りゅうとこうあん》』や『三俠五義《さんきょうごぎ》』などをもとにしている。日本で言えば大岡越前とか遠山の金さんのような作品であるが、日本の時代劇が一話完結であるのに対し、こちらは数話単位で一つのエピソードを展開する。これによって日本の時代劇より話に厚みが出ているように思う。一九九三年放映、全四十一エピソード、二百三十六話構成である。台湾だけでなく大陸や香港など東アジア・東南アジア各国で放映され、ブームとなった。

包拯と義侠たちの物語を描いたエンタメ作品はたくさん制作されている。日本では滝口琳々のコミック『北宋風雲伝』がある。

さて、『包青天』では南侠《なんきょう》の展昭《てんしょう》、錦毛鼠《きんもうそ》の白玉《はくぎょく》堂《どう》といった在野の義侠たちが包拯を助けて事件解決のために捜査することとなる。特に展昭は御前四品帯刀《ごぜんしひんたいとう》護衛《ごえい》という、時の皇帝仁宗《じんそう》の侍衛としての官位を与えられている。

図3　『包青天』より展昭

しかし時に義侠としての彼の心情と朝廷に仕える者としての立場との間で板挟みとなり、官を辞して包拯のもとを去ろうとすることもある。野にあっても官の側にあっても、国家の存在が剣客たちに重くのしかかってくるのである。

成就されない友情

さて、話を『笑傲江湖』に戻そう。物語の序盤で、五岳剣派のひとつである衡山派の幹部劉正風《りゅうせいふう》と日月神教の長老曲洋《きょくよう》という二人の人物が登場する。正派と邪派の大物同士ということでお互い相容れない存在のはずであった。

ところがこの二人が莫逆の友となる。劉正風は楽器の簫《しょう》、曲洋は琴を嗜《たしな》み、音楽が二人を近づけたのである。いわゆる「知音《ちいん》」である。二人は武林から引退して正派・邪派の対立から手を引き、友情を全うしようとする。

しかし五岳剣派盟主の左冷禅はそれを信じず、劉正風を邪派に唆《そそのか》された裏切り者として追い詰める。争いから手を引く、局外に立って中立を保つと口で言っても、簡単に認められるものではないのである。

二人は今際の際に、自分たちを手助けしようとした令狐冲に簫と琴の合奏曲『笑傲江湖』の楽譜を託す。実はこれが『笑傲江湖』のタイトルの由来である。そしてこれがきっかけとなって、令狐冲は正邪の対立に疑問を持ち始める。そして邪派の人々と交友を持つようになり、裏切り者として師門を追われるという次第である。

破門と前後して令狐冲は日月神教の聖姑任盈盈と出会い、彼女から琴を学ぶ。原作の最終章では、令狐冲が琴、任盈盈が簫を手に取り、二人で『笑傲江湖』を合奏する。劉正風と曲洋との友情が男女の関係としてトレースされ、物語の幕が閉じるという構造となっている。

十六年後の再会

しかし劉正風と曲洋の関係を、男女の仲ではなく本来の男同士の友情という形で成就させて欲しかったという気もする。それを実現させたのが、二〇一九年に配信され、男性同士の親密な関係を描くブロマンスとして、中国やアジア各国で熱狂的なファンを生み出した『**陳情令**《ちんじょうれい》』である。全五十話構成、墨香銅臭《ムーシアントンチョウ》による小説『魔道祖師《まどうそし》』を原作とする。ドラマ版に先立ってアニメ版も制作されている。アニメ版のタイトルは原作と同じく『**魔道祖師**』である。

本作は武侠物よりはファンタジーの要素が強いということで、ジャンルとしては仙《せん》侠《きょう》物に分類される。本作の世界では、姑蘇《こそ》の藍《らん》氏、雲夢《うんぼう》の江《こう》氏、清河《せいか》の聶《じょう》氏、岐山《きざん》の温《おん》氏、蘭陵《らんりょう》の金《きん》氏の五大世家《せいか》が武林の名門とされ、このうち岐山の温氏が他の四世家と反目している。正邪で分ければ、温氏が邪派、その他四氏が正派という位置づけとなるだろう。

主人公のひとり魏無羨《ぎむせん》（名は嬰《えい》で字《あざな》が無羨。この作品では架空世界を舞台にしたものとしては珍しく、登場人物に字がある）は幼い頃より雲夢の江氏のもとで育てられ、その一番弟子となっている。もうひとりの主人公藍忘機《らんぼうき》（同様に名は湛《たん》で字が忘機）は姑蘇の藍氏の次男坊で兄や叔父を補佐する立場にある。

気さくでやんちゃな性格の魏無羨を肖　戦《シァオヂャン》が、沈着な優等生タイプの藍忘機を王一博《ワンイーボー》がそれぞれ好演している。この二人の友情が『笑傲江湖』の曲洋と劉正風のそれと重ねられるわけである。

物語は、魏無羨が武林の裏切り者として仙師《せんし》（『陳情令』の世界では剣客たちは仙師と呼ばれている）たちと対峙する「不夜天《ふやてん》の決戦」から始まる。戦いに絶望した魏無羨は断崖絶壁から身を投げる。藍忘機はそんな彼に崖の上から手を差しのべるが、救うことはできなかった。

それから十六年後。実は魏無羨は別人になりかわって生き延びていた。彼が藍忘機と再会を果たしたところで、物語は十六年前、魏無羨が藍忘機と出会う前に戻る。そこから二人の出会い、そして魏無羨が名門の一番弟子から武林の裏切り者と見なされるまでの経緯を辿ることになる。

断崖絶壁から身投げして死んだはずが、十六年後に再会するというモチーフは、同じ金庸の作品でも、第4章で触れた『神雕俠侶《しんちょうきょうりょ》』に登場する、楊過《ようか》と小龍女《しょうりゅうじょ》を連想させる。楊過は小龍女の弟子であるが、愛し合う仲となる。しかし当時は師弟同士の恋愛はタブーとされていた。

図4　張紀中版『神雕俠侶』

戦いの中で猛毒に冒された小龍女は、自分の命はもう長くないと悟り、楊過に十六年後に再会しようという伝言を残して崖から身を投げる。しかし小龍女は生きており、猛毒も癒える。そして二人は本当に十六年後に再会を果たすのである。

崖から身を投げて死んだはずの人が実は生きていたという、「崖落ち」の元祖的な作品である。『神雕俠侶』は美男美女の別離と再会を描くが、『陳情令』ではそれがイケメン同士の話になっているのがミソである。実はこの「十六年後」という数字は原作の『魔道祖師』では「十三年後」となっているとのことである。ドラマでは『神雕俠侶』を意識して改変したのであろう。

雲深不知処に響く笑傲江湖

『神雕俠侶』の話はさておき、『笑傲江湖』との比較に話を戻そう。ともに名門門派の一番弟子でありながら師門から裏切り者扱いされるということで、『陳情令』の魏無羨の半生は令狐冲のそれと重なる。

魏無羨は雲夢の江氏の一番弟子であり、剣の使い手であった。しかしとある事情で剣を捨て、「詭道術法《きどうじゅつほう》」という邪術を創始し、「夷陵の老祖《いりょうのろうそ》」という異名で呼ばれるようになる。夷陵の地の邪術の開祖ということである。夷陵は現在の湖北省宜昌《こほくしょうぎしょう》市夷陵区にあたる。雲夢や岐山なども実在の地名である。

そして他の四世家を力尽くで押さえつけて武林の覇者として振る舞った岐山の温氏が滅亡すると、その分族ながらも医術でもって人々を助けた大梵山《だいぼんさん》の温氏も四世家の使い手から追われる身となる。しかし大梵山の温氏と交友のあった魏無羨は彼らを庇い、師門を追われることになる。ここで邪派と交友して華山派を追われることとなった令狐沖と立場が重なってくることになるわけである。その大梵山の温氏一党が四世家に処刑されたことが、「不夜天の決戦」につながっていく。

魏無羨と藍忘機は正反対の性格で、特に当初は藍忘機の方が相手を快く思っていなかったが、岐山の温氏との戦いを通じて次第に心を通わせるようになる。魏無羨が四世家の裏切り者とされるようになってからも、藍忘機は密かに彼や大梵山の温氏の人々を支援し、不夜天の決戦に際しても彼を止めようとする。

図5　『陳情令』

そして十六年後に再会した後は、四世家の仙師たちに真意を疑われながらも、二人で魏無羨を追い詰めた黒幕の存在を暴いていく。

劉正風と曲洋との関係同様、魏無羨と藍忘機との関係にも音楽が介在するようになる。藍忘機はもともと琴を嗜んでいたが、魏無羨が詭道術法に手を染めると、その副作用を心配し、琴でもってそれを抑えようとする。そして魏無羨は横笛によって詭道術法を操る。その横笛の名が、ドラマ版のタイトルの由来となった「陳情」である。

　十六年後の話には、二人が横笛と琴を合奏する場面が時折挿入される。最終話でも、すべてが解決した後、姑蘇藍氏の根拠地であり、二人の出会いの地である「雲深不知《うんしんふち》処《しょ》」で合奏するのである。これは『笑傲江湖』のラストで令狐冲と任盈盈が『笑傲江湖』の曲を合奏したのを連想させる。

　なお「雲深不知処」は唐代の賈島《かとう》の詩「隠者を尋ねて遇わず」の句「只《た》だ此の山中に在り、雲深くして処《ところ》を知らず」から採られた呼称である。

『笑傲江湖』では男女の関係に置き換えられた劉正風と曲洋の関係が、『陳情令』では本来の形である男性同士の友情として成就することとなった。『陳情令』は、まだブロマンスが市民権を得ていなかった時代に書かれた『笑傲江湖』に対するアンサーソング的な作品として位置づけられるだろう。

　雲深不知処で二人が合奏したのは、ドラマではエンディングテーマの「無羈《ウージー》」（二人の名を取って「忘羨《ワンシエン》」とも呼ばれる）であったが、これはあるいは『笑傲江湖』の曲であったかもしれない。

新たなる戦いへ

中国が近代に至ると、「時代劇の時代」もいよいよ終わりに近づいてくる。前述のように中国では一八四〇年～一八四二年のアヘン戦争以後の時期が近代であるとされる。幕末の日本がペリー来航によって開国を迫られ、倒幕を経て明治維新に至ったように、中国もアヘン戦争の敗北によって近代化を迫られる。どれほど武功を極めても銃で撃たれたら即死する。そして銃を携えた洋人《ヤンレン》（外国人）が中国人に対して大きな顔をする。そんな世の中がやって来たのである。

図6　『大侠霍元甲』

その清末の時期を舞台にした武侠物が、二〇二〇年放映・配信、全四十五話構成の『**大侠霍元甲**』（原題）である。霍元甲は実在の武術家であり、彼を題材にした映画やドラマはこれまでにも制作されてきた。

日本で知られているのは、李連杰《リーリエンヂエ》（ジェット・リー）が霍元甲を演じた映画『SPIRIT』であろう。中華圏では、香港制作、一九八一年放映のドラマ『大俠霍元甲』（原題）がよく知られている。同題の本作はそのリメイク版という位置づけなのかもしれないが、題材が同じというだけでストーリーは別物である。

二〇二〇年版では、故郷の天津を離れ、上海に武術館の精武門《せいぶもん》を開いた霍元甲は、弟子を奪われるのではないかと自分を不審の目で見る上海武林の使い手たちに対して、「自分はあなた方と争うために上海にやって来たのではない。ともに切磋琢磨して『東《ドン》亜病夫《ヤービンフ》』の汚名を晴らしたいのだ」と訴える。当時中国人は、洋人からアヘンに溺れて心身とも病んだ「東亜病夫」であると侮られていた。「東アジアの病人」ということである。心ある者はそのことを気に病み、憤慨していたのである。

霍元甲の夢は、武林の古い因習を改め、門派の争いを終息させ、達人たちとともに手を携えて新しい武林の秩序を打ち立てることにあった。

これまで武術家たちは自分の門派の武功のみを用い、他派の者に自分の武功を教えようとはしなかった。また、ことあるごとに他派と抗争を繰り広げ、更には同じ門派の中でも掌門の地位をめぐって争い合うこともあった。霍元甲は同じ「中華民族」同士で争うのはもうやめにして、武林の近代化を進め、ともに洋人に立ち向かおうと説いたのである。

霍元甲は本作の最終回で精武体操会《せいぶたいそうかい》を結成する。そして各門派の掌門たちを師範として招聘し、門派の垣根を越えて若者たちに様々な武功を学ばせることにする。精武体操会は実在した団体である。

本作では霍元甲の弟子のひとりとして陳真《ちんしん》という人物が登場する。一応実在はしていたが、その事績は架空のものであり、ほとんど架空の人物と言っていいようである。その彼が主人公となっているのが、李小龍《リーシアオロン》（ブルース・リー）主演の映画『**ドラゴン怒りの鉄拳**』である。この映画の原題は『精武門』。陳真の基本的なキャラクター設定はこの映画によって形成された。

この映画では、霍元甲は日本人に暗殺されたことになっている。実在の霍元甲も日本人に毒殺されたと言われているが、死因については議論があるようだ。それはともかく、映画の中で陳真は師匠の仇討ちのために日本人と戦うことになる。中国人が倒すべき洋人には、西洋人《シーヤンレン》すなわち欧米人とともに、東洋人《ドンヤンレン》すなわち日本人も含まれているのである。映画の大ヒットにより、陳真は師匠の霍元甲とともに有名人となった。

そして中華民国期の上海を舞台とするノワールで、一九八〇年放映の香港ドラマ『**上海灘**《しゃんはいたん》』では、精武門のメンバーが主人公とともに、中国侵略を図る日本人に立ち向かうことになる。『上海灘』は周潤発《ヂョウルンファ》（チョウ・ユンファ）の出世作である。後に映画版として『**上海グランド**』が、ドラマ版リメイクとして『**新・上海グランド**』が制作された。ドラマ版のリメイクでも精武門の面々が登場する。

『大侠霍元甲』の舞台である清末の時期には、日本は中国を侵食する列強のひとつにすぎなかったが、中華民国成立後の一九一五年に日本が突き付けた二十一ヵ条の要求により、反日感情が高まっていく。

ここに「時代劇の時代」は終わりを告げ、抗日の時代が始まる。中国人の新たなる戦いが始まったのである。

終章　中国時代劇のこれまでとこれから

中国時代劇のジャンル

本書では中国時代劇のジャンルについて、歴史物、タイムスリップ物、宮廷物、武俠物を中心に取り上げてきた。本書では取り上げなかったものも含めて、ここでジャンルについて整理しておこう。

中国で時代劇は「古装劇《グーヂュアンヂュィ》」と呼ばれる。「現代劇《シエンダイヂュィ》」（現代物ドラマ）や「抗日劇《カンリーヂュィ》」（抗日物ドラマ）などに対応する呼称、ジャンル名である。「古装」とは古代（前近代）の服装ということであり、「劇」は「電視劇《ディエンシーヂュィ》」すなわちテレビドラマの略である。「古装劇」は昔風の衣装によるドラマというニュアンスとなる。以下で紹介するのは、その古装劇の更にサブジャンルということになる。

①歴史物

日本の大河ドラマに相当するような歴史物。中国語では「歴史劇《リーシーヂュィ》」と呼ばれる。本書で取り上げた作品では、『**大秦帝国**』シリーズや『**雍正王朝**《ようせいおうちょう》』『**漢武大帝**』などが相当する。

②古典物

『三国演義』や『水滸伝』、『紅楼夢』など、古典小説を題材としたもの。『梁山伯《りょうざんぱく》と祝《しゅく》英台《えいだい》』、『白蛇伝《はくじゃでん》』など、伝説や京劇を題材としたものもこれに含まれる。三国志のドラマを歴史物と古典物のどちらに含めるかは判断が難しい。本書で取り上げた作品では、『**楊家将**《ようかしょう》』や『**天命の子〜趙氏孤児**《ちょうしこじ》』が相当する。『西遊記』『封神演義《ほうしんえんぎ》』など、神仙や妖怪が活躍するものは中国語で「神話劇《シェンファヂュィ》」と呼ばれることもある。

③宮廷物

日本で言う大奥物。概略は第5章で述べた通りで、後宮を舞台とする。『**宮廷の諍《いさか》い女《め》**』や『**瓔珞《えいらく》～紫禁城に燃ゆる逆襲の王妃～**』が代表的な作品である。

日本の大河ドラマで徳川将軍家を取り上げたものが大奥物としての要素も帯びるように、中国時代劇でも各時代の皇室を取り上げたものは宮廷物の要素を帯びることが多い。たとえば第5章で取り上げた『**清平楽《せいへいがく》**』（原題）は歴史物と宮廷物のどちらに属するかと問われると、判断に窮する。

④武侠物

これも概略は第6章で述べた通りである。義侠の士たちの世界武林を舞台とし、アクションが見所となる。金庸《ジンヨン》原作作品で、北宋時代を舞台とする『**天龍八部《てんりゅうはちぶ》**』のように歴史的な背景のあるものと、歴史的な背景が稀薄なもの、まったくの架空の世界を舞台とするものとがある。ファンタジー色の強いものは仙侠《せんきょう》物と呼ばれる。『**花千骨《はなせんこつ》～舞い散る運命、永遠の誓い～**』、第6章で取り上げた『**陳情令《ちんじょうれい》**』がこれに該当する。

『**少林問道**』や『**大侠霍元甲**』（原題）のように、逆にファンタジー要素を稀薄にして現実世界のカンフー・アクションにこだわったものがある。これらは「武打《ウーダー》物」とか

「功夫物《ゴンフー》」などと呼ばれる。

　中国時代劇ではアクションの要素を強調したり、義侠の士が登場することで、他のジャンルでも武侠物の要素を帯びることがしばしばある。たとえば『**月に咲く花の如く**』や『**琅琊榜《ろうやぼう》～麒麟の才子、風雲起こす～**』にも武侠物の要素が見られる。

⑤いわゆる時代劇

日本で言う『水戸黄門』『大岡越前』『遠山の金さん』のように、王朝の権力者や名官吏が民間の事件を解決したり、世直しの旅に出たりする作品もある。ただし中国時代劇の場合は一話完結ではなく、基本的に数話でひとつのエピソードが完結するという形式である。またミステリー、サスペンス色の強い作品も多い。

　第5章で触れた『**神探狄仁傑《しんたんてきじんけつ》**』（原題）シリーズ、清の康煕帝がお忍び旅に出る『**康《こう》煕微服私訪記《きびふくしほうき》**』（原題）シリーズ、第6章で紹介した台湾時代劇『**包青天《ほうせいてん》**』（原題）などが有名である。包拯を取り上げた作品は数多く、日本でも放映された『**開封府《かいほうふ》～北宋を包む青い天～**』もそのひとつである。包青天物が古典小説の『龍図公案《りゅうとこうあん》』や『三侠五《さんきょうご》義《ぎ》』を下敷きとしているように、古典物としても位置づけられる作品もある。

ただ、近年は下火となっているジャンルである。

⑥ラブ史劇、ラブコメディ

恋愛物の要素が強く、シリアスな展開のものをラブ史劇と呼ぶことがあるが、これは日本独自のジャンル区分であり、中国側にこれに相当するような呼称はない。宮廷物、タイムスリップ物、架空歴史物などがラブ史劇の要素を帯びることも多い。代表的な作品としては、美男子として知られる武将蘭陵王と、彼を支えるヒロインを描いた**『蘭陵王《らんりょうおう》』**や、第5章で触れた**『孤高の花～General & I～』**などがある。

図1　『包青天』

恋愛物でコメディの要素が強いものはラブコメディと位置づけられる。庶民の娘が清朝乾《けん》隆帝《りゅうてい》の姫と取り違えられて宮廷に迎えられるという筋立ての**『還珠姫《かんじゅひめ》～プリンセスのつくりかた～』**が、古典的かつ代表的な作品である。

⑦タイムスリップ物

これも第3章で詳しく解説した。中国では「穿越劇《チュアンユエデュィ》」と呼ばれ、タイムスリップ物のほかに異世界転生物も含まれるということであった。『**尋秦記《じんしんき》 タイムコップB.C.250**』や『**宮廷女官《きゅうていにょかん》 若曦《じゃくぎ》**』などが代表的な作品である。『**天意**』（原題）のようにSF性を強調するものもある。

⑧架空歴史物

架空の中華世界を舞台とした作品で、近年流行のジャンルである。ファンタジー色の薄いものと濃いものとに分かれる。

前者の代表が『琅琊榜』シリーズや『**刺客列伝《しかくれつでん》**』である。『琅琊榜』シリーズの世界が南朝の梁《りょう》（五〇二年〜五五七年）をモチーフとしているように、現実の王朝や時代をモデルとする場合が多い。また、漢の武帝の時代の物語という設定であったのが、史実から乖離していることで架空の人名や王朝に置き換えることを余儀なくされた、『**風中の縁《えにし》**』のような作品もこれに含まれる。

後者は「玄幻物《シュエンファン》」と呼称され、『ロード・オブ・ザ・リング』『ゲーム・オブ・スローンズ』『ハリー・ポッター』シリーズを意識したような、壮大なスケールの作品が目立つ。『**海上牧雲記**《かいじょうぼくうんき》**～3つの予言と王朝の謎**』『**九州縹緲録**《きゅうしゅうひょうびょうろく》**～宿命を継ぐ者～**』や猫膩《マオニー》原作の『**擇天記**《たくてんき》**～宿命の美少年～**』『**将夜**《しょうや》』シリーズなどが代表的な作品である（猫膩は第3章で取り上げた『**慶余年**《けいよねん》』の原作者でもある）。『海上牧雲記』と『九州縹緲録』は、「九州」という共通の世界観をベースとする作品である。この「九州」というのは無論日本の九州地方とは異なる。古い時代に中国を九つの州に分けたことに由来する、中国の別称である。

⑨その他

その他のジャンルとしては、『月に咲く花の如く』のような、商家を題材とする商売物、『**トキメキ！弘文学院**《こうぶんがくいん》』のような学園物、グルメ物、コメディなどがある。コメディの代表的な作品としては、中国時代劇版吉本新喜劇とでも言うべき、一話完結式、舞台劇風の『**武林外伝**《ぶりんがいでん》』（原題）がある。

以上が主要なジャンルとなるが、武俠物やラブ史劇のように、中国時代劇はひとつの作品が複数のジャンルの要素を兼ね備える場合が多い。

時代劇になりやすい時代

実のところ、中国時代劇の舞台となる時代には偏りがある。日本の大河ドラマも戦国時代と幕末・維新をほぼ交互に取り上げ、たまに源平合戦など異なる時代の作品を挿入するという状態である。たとえば二〇二〇年の大河ドラマは、明智光秀を主人公とし、戦国時代を舞台とする『麒麟がくる』であり、二〇二一年二月からは渋沢栄一を主人公とし、幕末・維新を舞台とする『青天を衝《つ》け』が放映されている。同様に中国の場合も人気のある時代、取り上げられやすい時代が存在するのである。

具体的には、春秋時代の呉王闔閭《ごおうこうりょ》・夫差《ふさ》と越王勾践《えつおうこうせん》の争い（前五世紀初め頃）、始皇帝及び項羽と劉邦（前三世紀末〜前二世紀初頭）、隋末唐初、すなわち隋の煬帝《ようだい》から唐の太《たい》宗《そう》李世民《りせいみん》の時代（七世紀初め頃）まで、唐の玄宗と楊貴妃及び安史《あんし》の乱（八世紀半ば）、北宋第四代仁宗《じんそう》の時代（十一世紀前半）、明末清初、すなわち明王朝の滅亡と清王朝の興隆（十七世紀前半）、清の最盛期である康熙帝《こうきてい》・雍正帝《ようせいてい》・乾隆帝《けんりゅうてい》の時代（一六六一年〜一七九五年)、清末の西太后の時代(十九世紀後半〜二十世紀初頭)などが題材となりやすい。

春秋の呉越の対立の時期は、孫子の兵法で知られる孫武《そんぶ》が呉に仕え、また孔子が活動した時期と重なっているということで、題材にしやすい。隋末唐初は古典小説の『説唐全伝《せっとうぜんでん》』を下敷きにした作品が随分ある。二〇一三年放映の『**隋唐演義《ずいとうえんぎ》〜集いし46人の英雄と滅びゆく帝国〜**』はそのひとつである。

北宋の仁宗期は前述の包拯すなわち包青天が活躍した時代であり、視聴者にも馴染みがあるということで舞台となりやすい。包青天物以外にも、第4章で取り上げた『**大宋《だいそう》少年志《しょうねんし》〜secret mission〜**』や『**清平楽**』『**花と将軍〜Oh My General〜**』など、仁宗の時代を舞台とする作品は多い。始皇帝、項羽と劉邦、玄宗と楊貴妃が取り上げられやすいのも、言うまでもなく視聴者に馴染み深いからである。馴染み深いものが題材となりやすいというのは、日本とそれほど事情が変わらない。

明末清初や清の康熙帝以下三代が舞台となることが多いのは、後述するように、二〇〇〇年前後に清朝物ブームがおこったからである。中国時代劇では、それまであまり取り上げられなかった時代でも、何かヒット作が出ることで取り上げられやすくなるという現象がおこることがある。

たとえば従来南北朝時代（四三九年〜五八九年。北魏による華北統一から隋による中国統一までの時代）は、視聴者に馴染みがないということで、時代劇ではそれほど取り上げられることはなかった。しかし二〇一三年放映で、北朝の北斉《ほくせい》（五五〇年〜五七七年）を舞台とする『蘭陵王』や『**後宮の涙**』のヒットにより、北朝の西魏《せいぎ》（五三五年〜五五六年）を舞台とする『**楚喬伝《そきょうでん》〜いばらに咲く花〜**』など、南北朝物が制作されるようになっている。

三国志については、第1章で見たようにそれなりの数の作品が出ているが、上記の時代や題材と比べて決して多いわけではない。武則天《ぶそくてん》を題材としたドラマや、明朝嘉靖《かせい》年間（一五二二年〜一五六六年）を舞台としたドラマぐらいの数になるだろうか。

嘉靖年間は倭寇《わこう》が最も激しく活動した時期として知られており、倭寇との戦いを描く関係で題材になりやすい。第6章で取り上げた『**少林問道《しょうりんもんどう》**』も、倭寇との戦いが物語後半のテーマとなる。また、この時期を舞台とした歴史物に『**大明王朝《だいみんおうちょう》〜嘉靖帝《かせいてい》と海《かい》瑞《ずい》〜**』があり、名作として評価が高い。

逆に分裂の時代である五胡十六国《ごこじゅうろっこく》（三〇四年〜四三九年）や五代十国《ごだいじっこく》（九〇七年〜九

七九年）など、視聴者に馴染みのない時代はドラマの題材になりにくいということになる。しかし五代十国は、第5章で取り上げた『**晩媚《ばんび》と影〜紅きロマンス〜**』など、舞台とする作品がないわけでもない。『花千骨』も史実的な要素が稀薄な作品であるが、一応五代十国が舞台ということになっている。

　モンゴル帝国（一二〇六年〜一三八八年）あるいは大元《だいげん》（一二七一年〜一三六八年）、遼《りょう》（九一六年〜一一二五年）や西夏《せいか》（一〇三八年〜一二二七年）などの非漢人王朝についても、数は少ないがドラマが存在する。モンゴルと大元については、二〇〇四年放映の『**チンギス・ハーン**』、二〇一三年放映の『**フビライ・ハン**』のように、それぞれの始祖を主人公とする作品が制作されている。遼については、蕭太后《しょうたいごう》（彼女については第4章の『楊家将』に関する記述を参照）をヒロインとする宮廷物『**燕雲台《えんうんだい》**』（原題）が二〇二〇年に配信されている。

図2　『蘭陵王』

中国時代劇のあゆみ

最後に中国時代劇の歩んできた道のりとこれからを概観しておこう。

テレビドラマとしての形で中国時代劇が広く制作され、多くの人々に親しまれるようになったのは、文化大革命（一九六六年〜一九七七年）終了後の改革開放期のことである。一九八五年放映の『**三国志　諸葛孔明**《しょかつこうめい》』以後、第1章で触れたように、一九八六年の『**西遊記**』、一九八七年の『**紅楼夢**』、一九九四年〜一九九五年の『**三国志**』、一九九八年の『**水滸伝**』といった具合に、八〇年代から九〇年代にかけて、四大名著を中心に古典小説のドラマ化が進められていく。

特に『紅楼夢』は原典の熱烈なファンが多いこともあり、後々までテレビで再放送される古典的な名作となった。また日本で堺正章主演のドラマ『西遊記』が広く受け入れられ、ゴダイゴによるテーマ曲が現在でもスタンダード・ナンバーとなっているように、一九八六年版『西遊記』の主題歌「敢問路在何方《ガンウェンルーヴァイホーファン》」も中国人の心の名曲となっている。

一方で時代劇の娯楽性という面では、大陸制作の作品は香港や台湾の時代劇に見劣りがした。香港制作、一九八三年放映の『**射雕英雄伝**《しゃちょうえいゆうでん》』（原題）など金庸原作の武侠ドラマ、九〇年代の台湾時代劇『**戯説乾隆**《ぎせつけんりゅう》』『**新白娘子伝奇**《しんはくじょうしでんき》』『包青天』（いずれも原題）といった作品が大陸でも放映され、好評を博した。

特に『射雕英雄伝』（他の金庸作品と同様、この作品も複数ドラマ版が制作されている）と、京劇の『白蛇伝』をもとにした『新白娘子伝奇』は、やはり後年まで再放送される古典的な名作となった。

一九九六年放映の『**宰相劉羅鍋**《さいしょうりゅうらか》』（原題）を皮切りとして、二〇〇〇年前後に清朝物の作品が人気を博し、量産されるようになる。『宰相劉羅鍋』は乾隆帝に仕えた実在の官僚劉墉《りゅうよう》を主人公とする時代劇である。

その後もいわゆる時代劇としては、前述の『康熙微服私訪記』シリーズや、乾隆年間の学者・文人である紀昀《きいん》（字は暁嵐《ぎょうらん》。『四庫全書《しこぜんしょ》』の編纂に携わったことで知られる）を主役とする『**鉄歯銅牙紀暁嵐**《てっしどうがきぎょうらん》』（原題）シリーズ、ラブコメディとしては、中国・台湾合作の『還珠姫』シリーズ、歴史物としては『雍正王朝』『**康熙王朝**』などが続々と放映された。

この頃になると、歴史物や古典物だけでなく、娯楽性の高い武侠物やいわゆる時代劇

図３　『還珠姫』

も含めて、だんだん国産の作品が増えていく。量だけでなく質もそれに見合ったものとなっていった。金庸原作ドラマをはじめとする武俠物も、二〇〇一年放映、張紀中《ヂャンヂーヂョン》プロデュース『**笑**《しょう》**傲**《ごう》**江**《こう》**湖**《こ》』など、大陸の人員によって制作が進められ、本場香港のお株を奪うようになる。香港・台湾で時代劇制作に携わっていた、監督やアクション指導などのスタッフ、俳優たちは、大陸に活躍の場を求めるようになった。

そして日本で言う映画村・時代村に相当する時代劇の大型撮影基地も各地に建設された。その代表的なものが浙江《せっこう》省の横店《おうてん》影《えい》視《し》城《じょう》である。明清時代の紫禁城が原寸大で再現されているほか、秦漢の宮廷の撮影に使われる秦王宮や、北宋時代の街並みを再現した清明上《せいめいじょう》河《が》図《ず》などのゾーンが設けられている。これらの撮影基地は観光用のテーマパークともなっている。

二〇一〇年代には『宮廷女官　若曦』や『花千骨』『琅琊榜』など、ネット小説原作のドラマがこぞって制作されるようになり、それらが時代劇作品の中心を占めるようになる。二〇〇五年放映の『仙剣奇侠伝《せんけんききょうでん》』（原題）など、数は少ないながらもＰＣゲームのドラマ版も制作されている。

しかし時代劇の人気が高まるにつれ、ドラマの粗製濫造が問題とされるようになった。何かのジャンルや題材、あるいは出演俳優の人気に火が付くと、二匹目のドジョウを狙って、瞬《また》く間に似たり寄ったりの作品が量産されるのである。

当局、具体的には第３章で触れた広電総局《こうでんそうきょく》は、こうした粗製濫造の防止や品質の向上を理由として、厳しい締め付けを行うようになる。

検閲や規制は、タイムスリップ物などの個別のジャンル、あるいは『武則天《ぶそくてん》―The Empress―』で槍玉に挙げられた、「胸の谷間」のような個別の事項に限られるものではない。テレビでの時代劇の放映枠や放映話数に制限を加えるといった形で、時代劇というジャンル全体、更にはドラマ全体に及んでいるのである。現在はテレビでの放映が難しくなってきていることをうけて、時代劇作品は比較的検閲・規制の緩いウェブドラマの形での放映がメインとなりつつある。

それでも時代劇はしぶとく生き残り、視聴者に受け入れられてきた。新型コロナウイルスの感染が拡大した二〇二〇年の春においても、ドラマの撮影は一時ストップしたが、事前の検閲の必要もあって普段から作品を撮りだめしていたのが幸いし、『**成化《せいか》十四年～都に咲く秘密～**』『清平楽』といった新作が途切れずに放映・配信された。

なぜ時代劇なのか?

それでは中国人はなぜ時代劇を作り続けてきたのだろうか? 視聴者は時代劇のどういう所を面白がってきたのだろうか? 本書の各章で述べてきたことを振り返りつつ考えてみよう。

第1章では、三国志の英雄たちの政治的な立ち回りとともに、『**三国志 Secret of Three Kingdoms**』で陰謀によって擁立されながら、陰謀を拒絶して「綺麗事」を追求しようとする影武者献帝の姿を追った。

第2章では、下剋上と実力主義の世である春秋・戦国時代において、理想主義的な主君のために尽くした『**天命の子～趙氏孤児**』の程嬰の姿や、『**刺客列伝**』の中で実力主義によって引き立てられた人々が破滅するのを尻目に、バカ殿の執明が賢主として目覚め、権謀術数の権化であった慕容黎を感化していく様子、そして主君の身勝手な実力主義に異議を唱えた『**昭王〜大秦帝国の夜明け〜**』の白起の姿を追った。

第3章では、タイムトリッパーがどれだけ頑張ろうとも過去の歴史を変えることはできないが、現在を生きる人々の気付きと努力によって、世界をよりよいものに変えられるのではないかと示唆するタイムスリップ物、異世界転生物について見ていった。

第4章では、漢人にも契丹人にもなりきれずに苦悩する『天龍八部《てんりゅうはちぶ》』の蕭峰《しょうほう》に対し、「たとえ宋人の血を受け継いでいなくても、宋で生まれ育ったからには宋人である」と、渤海国出身の仲間が不当な扱いを受けてきたことに対して敢然と抗議する『大宋少年志』の若者の姿について触れた。

第5章では、様々な慣習に縛られながらも、学問によって壁を打ち破ろうとする女性たちの姿、そして従来悪役とされがちであった宦官について、ステレオタイプな描写を排そうとする試みについて触れた。

第6章では、武俠物の剣客たちが三国志の英雄以上に政治的な立ち回りを見せる中で、党派の垣根を越えて友情を貫こうとした劉正風と曲洋、そしてこれを男女の恋愛に置き換えて完結させた『笑傲江湖』に対して、男同士の友情という本来の形で成就させた『**陳情令**』について見ていった。

こうして見てみると、中国時代劇は現実の社会の問題が投影されている一方で、それだけにとどまらず、それを乗り越えていこうという理想や希望が打ち出されていることがわかる。中国の過去の時代の「こうであったかもしれない」という姿を描きつつ、「かくありたい」という未来の姿も描いているのである。

かつそれは国家や党の「公式見解」のコピー・アンド・ペーストではなく、おそらくは制作者自身の良識によるものである。第4章で見たように、面倒な問題に対しては「臭い物に蓋」式の対応を取ることも可能だからである。

「はじめに」で触れた「虚実」の話を思い出して頂くと、「実」の部分が厳しい現実の投影、「虚」が理想や希望が込められた部分ということになる。中国の視聴者は、時代劇から現実を見て取るとともに、そこに描かれる理想や未来への希望に自然に共感し、受け入れてきたのではないだろうか。

現代劇として直接描いてしまっては生々しくて拒否感が出そうなことも、過去の物語ということにしてワンクッション置けば受け入れやすいということもあるだろう。

中国時代劇に投影されている問題意識の多くは、日本人である我々にも共有できるものである。中国文化と日本文化、中国の社会と日本の社会、中国人と日本人。昨今は日本と中国の物事をまるっきり違うものとしてとらえるのが流行りであるが、本当にそうみなしてよいのであろうか？　中国は我々日本人の常識から理解・共感しがたい存在なのであろうか？　中国時代劇はそうしたことを考えるうえでよい材料になる。

そして現在の日本のエンタメは、現実を乗り越えて理想や希望を提示するという役割を担うことができているのかとも思うのである。

あとがき

筆者がはじめて目にした中国の時代劇は、大女優・劉暁慶《リウシアオチン》主演の『則天武后』である。一九九六年に当時のNHK－BS2で視聴した。ちょうど四半世紀前のこととなる。当時は中国の時代物といえば三国志が中心で、「三国志もいいけれどそれ以外のものも」と思っていた頃であった。日本の大河ドラマにはないテンポのよさに惹きつけられたが、当然今とは違って新作ドラマが日本で次々と放映されるというような状況ではない。

二〇〇〇年代に入ると、『雍正王朝《ようせいおうちょう》』『康熙王朝《こうきおうちょう》』といった作品、あるいはそうした大河ドラマ的な作品だけでなく、金庸《ヂンヨン》原作、張紀中《ヂャンヂーヂョン》プロデュースの『笑傲江湖《しょうごうこうこ》』『射雕英雄伝《しゃちょうえいゆうでん》』など娯楽性の強い作品も日本に入ってくるようになった。また日本語版だけでなく原語版のビデオCDやDVDも日本で入手できるようになった。筆者が継続して中国時代劇を見るようになったのは、こうした環境が整ってきた二〇〇〇年代の半ば頃からである。

二〇〇八年から二〇〇九年にかけて中国に留学した際には、暇さえあれば宿舎の自室のテレビで時代劇の放映をチェックしていた。中国のテレビ放送はチャンネル数が多く、朝から晩までどこかのチャンネルで必ず時代劇が放映されていたのである。そのお陰で、中国でどの作品が定番で多く再放送されているかといったようなことを把握することができた。

帰国してからもネット通販で原語版のＤＶＤを取り寄せたり、ネット配信で動画を見たりと時代劇の新作を欠かさずチェックしてきた。

当初は特に歴史物を見ていると、「ここが史実と異なる」「これは架空の人物だ」と、日本の大河ドラマを見るような調子で、史実に則しているかどうかが気になった。本書で何度となく触れた「虚実」の「実」の部分である。

しかしそうやって見続けているうちに、「虚」、すなわち虚構の部分の方にこそ、政治に対する批判であるとか、世相に対する皮肉であるといったような、ドラマ制作者の言いたいこと、やりたいことが詰まっているのではないかと気付くようになった。そこに気付くと、史実性は以前ほどには気にならなくなった。特に近年の作品からは、批判精神、反骨精神だけでなく、中国人の良心や良識、「世界はこうあるべきだ」という理念、理想を感じることも多い。

史実と虚構、そして現実と理想。過去にあったこと、過去の歴史を語っているようで、その実現在のことについて語っており、それが我々の生きる現実の世界への異議申し立てとなっているのである。そこで語られる「現実」の多くは、我々日本人が抱えている問題でもある。

一方で日本の大河ドラマや時代劇は、現実の世界を生きる我々に何かを語ることができているだろうか？　そのような役割を充分に果たせていないとすれば、時代劇の持つ可能性を知るためにも、我々日本人が中国時代劇を見る価値があるのではないか。

過去の歴史を通して現実の世界に対して異議申し立てをするというのは、中国の伝統的な歴史叙述のあり方でもある。五経のひとつで春秋時代の魯《ろ》の国の史書とされる『春秋』はそうしたものとして読まれてきたし、司馬遷の『史記』にもそういう要素が見て取れる。中国時代劇は娯楽作品という形を取りつつも、今なお中国の歴史叙述の伝統を背負っているのかもしれない。そうしたことを論評としてまとめて世に問うてみたいと思うようになった。

そんな中、中公新書『周——理想化された古代王朝』の編集を担当して頂いた藤吉亮平さんより、中国時代劇で本が出せないかとご相談を頂き、いよいよその時期がやってきたと二つ返事で承知した。

ただ、そのお話を頂いてから間もなく、藤吉さんは新書・ノンフィクションの部門から文芸編集局へと異動となってしまった。そこでノンフィクション編集部の胡逸高さんをご紹介頂き、胡さんとともに企画をまとめていくこととなった。また時代劇論評の練習として、二〇一九年五月より刊行を開始した『中国史史料研究会会報』(志学社)に「中国時代劇の世界」という連載を持つこととなった。

担当編集者の胡さん、最初にお話を頂いた藤吉さん、そして連載の場を設けて頂いた『中国史史料研究会会報』編集部に感謝の意を捧げたい。特に胡さんには、本書の構成から細部に至るまで懇切丁寧な助言を頂いた。それとともに、オンライン上、時にはオフラインでお付き合い頂いている中国時代劇のファン仲間、「江湖」の皆さんにも感謝の意を捧げたい。

気がつけば中国時代劇は衛星放送の番組ラインナップとしてすっかり定着した。関連本も、本書で参考文献のひとつとして挙げたキネマ旬報社の『中国時代劇で学ぶ中国の歴史』シリーズをはじめとして数多く出版されるようになった。

しかし関連本とはいっても、これまで出たものは作品や俳優の紹介を目的としたムック本が中心である。中国映画、あるいは韓国時代劇とは違い、中国時代劇の論評をまとめたものは、おそらく本書が最初のものになるのではないかと思う。本書を嚆矢として、中国時代劇も単なる作品紹介にとどまらない一歩踏み込んだ論評がなされるようになれば幸いである。

それとともに、本書が読者に中国人、中国文化に対して新たな見方を提供できれば、これにまさる喜びはない。

辛丑年春分

佐藤信弥

参考文献

本書は『中国史史料研究会会報』準備号及び創刊号〜第十号（志学社、二〇一九年五月〜二〇二一年一月）に連載の「中国時代劇の世界」の内容をもとにまとめ直し、かつ加筆修正を施したものである。各ドラマの基本情報（放映・配信年、話数、出演者、スタッフ、あらすじなど）については、中国のウェブ百科事典「百度百科」の各ドラマの項目を参照した。これが実質的にドラマ自体の公式サイトも兼ねているからである。また、ドラマ鑑賞の備忘録としてつけている筆者のブログ「博客　金烏工房」(https://blog.goo.ne.jp/xizhou257) も適宜参照した。

その他の参考文献・ＵＲＬについては以下の通りである。ＵＲＬの最終確認は二〇二一年二月十九日である。

本書全体で参照したもの

渡邉義浩監修『中国時代劇で学ぶ中国の歴史』各年度版（キネマ旬報ムック）

第1章

井波律子訳『三国志演義』（全四巻、講談社学術文庫、二〇一四年）

第2章

「中国の歴史ドラマに習主席らの名前「賄賂に弱い将軍」で」（THE WALL STREET JOURANAL 二〇一七年三月七日）https://jp.wsj.com/articles/SB10681214028215414391304583007313464442902

『史記』（全十冊、点校本二十四史修訂本、中華書局、二〇一三年）

第3章

「广电总局叫停四大名著翻拍　批穿越剧不尊重历史」（中国新聞網二〇一一年四月二日）http://www.chinanews.com/cul/2011/04-02/2948323.shtml

「广电总局对穿越剧曾有过禁令，为何《庆余年》却能成功播出?」（騰訊網二〇一九年十一月二十七日）https://new.qq.com/omn/20191127/20191127A0QLTY00.html

第4章

weblio 辞書『新語時事用語辞典』https://www.weblio.jp/content/スリーパーセル

岡崎由美・松浦智子『完訳楊家将演義』（全二巻、勉誠出版、二〇一五年）

岡本隆司『世界史とつなげて学ぶ中国全史』（東洋経済新報社、二〇一九年）

金庸『神雕俠侶』（二）（明河社、二〇〇三年第三版）、第十三回章末注

費孝通著、西澤治彦等訳『中華民族の多元一体構造』（風響社、二〇〇八年。原著初版一九八九年）

古松崇志『シリーズ中国の歴史③　草原の制覇　大モンゴルまで』（岩波新書、二〇二〇年）

第5章

「「胸が見えすぎ」で放送中止?:人気時代劇「武媚娘伝奇」がテレビから消えた—中国」（Record China 二〇一四年十二月三十一日）https://www.recordchina.co.jp/b99894-s0-c70-d0044.html
澤田瑞穂『中国史談集』（ちくま学芸文庫、二〇一七年）
三田村泰助『宦官——側近政治の構造』（中公新書、一九六三年）

第6章

岡崎由美『漂泊のヒーロー——中国武俠小説への道』（大修館書店あじあブックス、二〇〇二年）
岡本隆司『増補　中国「反日」の源流』（ちくま学芸文庫、二〇一九年）
金庸著、岡崎由美監修、小島瑞紀訳『秘曲　笑傲江湖』第七巻「あとがき」（徳間文庫、二〇〇七年）

終章

中国伝媒大学電視劇研究所編『中国電視劇60年大系・編年史』（中国広播影視出版社、二〇一八年）

本書で取り上げた作品のみを配列した。作品名の長いものは適宜省略している。同一作品で複数のジャンルに配列している場合はゴシック体にした。

⑤時代劇	⑥ラブ史劇 ★ラブコメディ	⑦タイムスリップ物 ★異世界転生物	⑧架空歴史物 ★玄幻物
戯説乾隆 201			
包青天			
宰相劉羅鍋 201			
康熙微服私訪記 192, 201			
	★還珠姫 193, 201		

年表索引

	⑤時代劇	⑥ラブ史劇 ★ラブコメディ	⑦タイムスリップ物 ★異世界転生物	⑧架空歴史物 ★玄幻物
	鉄歯銅牙紀暁嵐 201			
			尋秦記 71, 72, 194	
	神探狄仁傑 145, 192			
	武林外伝			
			THE MYTH 神話 72, 87	
		★宮廷女官 若曦	宮廷女官 若曦 宮 パレス 80-83, 87, 132	

⑤時代劇	⑥ラブ史劇 ★ラブコメディ	⑦タイムスリップ物 ★異世界転生物	⑧架空歴史物 ★玄幻物
	蘭陵王 193, 198		
	★トキメキ！弘文学院 144, 195		風中の縁 194
	★太子妃狂想曲	皇后的男人 75, 78, 81, 84, 85, 94 ★太子妃狂想曲	琅琊榜 5, 109, 112, 138, 192, 194, 202 太子妃狂想曲
			刺客列伝 55, 58, 153, 194, 204
	月に咲く花の如く ★花と将軍 142, 197 孤高の花 142, 193 楚喬伝 84, 198 麗姫と始皇帝 48		琅琊榜〈弐〉 109, 112, 138, 194 ★擇天記 195 ★海上牧雲記 195
	晩媚と影	大唐見聞録 85 天意 87, 91, 194	★将夜 195
	★大宋少年志 121, 141, 197	★慶余年 86, 87, 121, 195	★九州縹緲録 195
成化十四年 161, 204	★花の都に虎われて 92, 151, 152	★花の都に虎われて	花の都に虎われて ★将夜2 195

図表作成・本文ＤＴＰ／市川真樹子

ラクレとは…la clef＝フランス語で「鍵」の意味です。
情報が氾濫するいま、時代を読み解き指針を示す
「知識の鍵」を提供します。

中公新書ラクレ
729

戦《せん》乱《らん》中《ちゅう》国《ごく》の英《えい》雄《ゆう》たち

三国志《さんごくし》、『キングダム』、宮廷《きゅうてい》美女《びじょ》の中国《ちゅうごく》時代劇《じだいげき》

2021年5月10日発行

著者……佐藤信弥《さとうしんや》

発行者……松田陽三
発行所……中央公論新社
〒100-8152 東京都千代田区大手町 1-7-1
電話……販売 03-5299-1730　編集 03-5299-1870
URL http://www.chuko.co.jp/

本文印刷……三晃印刷
カバー印刷……大熊整美堂
製本……小泉製本

©2021 Shinya SATO

Published by CHUOKORON-SHINSHA, INC.
Printed in Japan　ISBN978-4-12-150729-7　C1222

定価はカバーに表示してあります。落丁本・乱丁本はお手数ですが小社
販売部宛にお送りください。送料小社負担にてお取り替えいたします。
本書の無断複製（コピー）は著作権法上での例外を除き禁じられています。
また、代行業者等に依頼してスキャンやデジタル化することは、
たとえ個人や家庭内の利用を目的とする場合でも著作権法違反です。

中公新書ラクレ　好評既刊

L687
神になった日本人
——私たちの心の奥に潜むもの

小松和彦 著

古来、日本人は実在した人物を、死後、神として祀り上げることがあった。空海、安倍晴明、平将門、崇徳院、後醍醐天皇、徳川家康、西郷隆盛——。もちろん、誰でも神になれるわけではない。そこには、特別な「理由」が、また残された人びとが伝える「物語」が必要となる。死後の怨霊が祟るかもしれない、生前の偉業を後世に伝えたい——。11人の「神になった日本人」に託された思いを探りながら、日本人の奥底に流れる精神を摑みだすとしよう。

L709
ゲンロン戦記
——「知の観客」をつくる

東　浩紀 著

「数」の論理と資本主義が支配するこの残酷な世界で、人間が自由であることは可能なのか？「観客」「誤配」という言葉で武装し、大資本の罠、敵／味方の分断にあらがう、東浩紀の「生き延び」の思想。哲学とサブカルを縦横に論じた時代の寵児は、２０１０年、新たな知的空間の構築を目指して「ゲンロン」を立ち上げ、戦端を開く。いっけん華々しい戦績の裏にあったのは、予期せぬ失敗の連続だった。ゲンロン10年をつづるスリル満点の物語。

L716
現代中国の秘密結社
——マフィア、政党、カルトの興亡史

安田峰俊 著

天安門事件、香港デモ、新型コロナ流行、薄熙来事件、アリババ台頭、孔子学院——。激動する国家に蠢く「秘密結社」を知らないで、どうやって現代中国がわかるのか？　清朝に起源を持つチャイニーズ・フリーメーソン「洪門」、中国共産党の対外工作を担う「中国致公党」、カルト認定された最大の反共組織「法輪功」。大宅壮一ノンフィクション賞作家が、結社の行う「中国の壊し方」と「天下の取り方」に迫り、彼らの奇怪な興亡史を鮮やかに描き出す。